中国名镇志文化工程
Culture Project of Local Records of China's Famous Towns
中 国 名 镇 志 丛 书

中国名镇志丛书
精品汇编｜篇目

中国地方志工作办公室 编

方志出版社
Publishing House of Local Records

图书在版编目（CIP）数据

中国名镇志丛书精品汇编. 篇目 / 中国地方志工作办公室编. -- 北京 : 方志出版社, 2024. 7. -- ISBN 978-7-5144-5515-1

Ⅰ. K29

中国国家版本馆 CIP 数据核字第 2024L6S281 号

责任编辑：李晓晓
责任校对：张玉霞
责任印制：梅中英
出 版 者：方志出版社
地　　址：北京市朝阳区潘家园东里 9 号（国家方志馆 4 层）
邮　　编：100021
网　　址：http://www.zgfzcb.cn
发　　行：方志出版社图书营销中心（010-67110500）
印　　刷：北京中科印刷有限公司
开　　本：787 毫米×1092 毫米　1/16
印　　张：30.25
字　　数：531千字
版　　次：2024 年 7 月第 1 版
印　　次：2024 年 7 月第 1 次印刷
定　　价：243.00元

主　编： 陈文学

副主编： 邱新立　杨军仕　谭扬芳

编　辑： 王丹林　刘淑颖　范永恒　帅禹熙
张　凯　李　江　丛　珺　李晓晓
朴　莹

编辑说明

中国名镇志文化工程自2015年实施以来，与地方发展诉求和读者阅读需求紧密结合，围绕“名”“特”进行挖掘创新，打造了一批精品佳志，已经成为全国地方志系统的重要文化品牌，赢得社会各界的广泛好评。

为进一步推进中国名镇志文化工程，指导各地名镇志编纂者更好地开展镇志编修工作，我们从已经出版的中国名镇志丛书中挑选部分代表志书，选取编写质量较好的篇目汇编成册，方便广大编者参考学习。

《中国名镇志丛书精品汇编·篇目》汇编了77部中国名镇志的篇目，按照中国历史文化名镇、经济强镇、特色镇三个类别进行设置，从不同的分类范围和视角，充分反映了中国名镇志丛书各具特色的篇目设置。相信读者能从这些篇目设置中受到启发，吸取优点，结合最新编纂要求和本地实际灵活运用，助力各地进一步编纂出高质量名镇志，为服务国家新型城镇化建设和乡村振兴战略提供历史智慧和现实借鉴。

本汇编的编辑出版，得到中国名镇志丛书各编纂单位的大力支持，在此表示衷心感谢！

中国地方志工作办公室

2024年5月

目　录

中国历史文化名镇

2 | 周庄镇志
8 | 枫泾镇志
15 | 李庄镇志
21 | 松口镇志
28 | 瑷珲镇志
33 | 寨市苗族侗族乡志
40 | 千灯镇志
45 | 青木川镇志
49 | 南翔镇志
56 | 陇城镇志
62 | 高家堡镇志
68 | 芙蓉镇志
79 | 里耶镇志
87 | 木渎镇志
95 | 锦溪镇志
103 | 安仁镇志
109 | 黄龙溪镇志
115 | 浦市镇志
123 | 茶阳镇志
130 | 崖城镇志
137 | 邵伯镇志
144 | 杨柳青镇志
150 | 西沱镇志

经济强镇

156 | 虎门镇志
163 | 钱清镇志
168 | 锦丰镇志
174 | 阳澄湖镇志
181 | 泽国镇志
187 | 唯亭街道志

特色镇

194 | 三阳镇志
199 | 天穆镇志
204 | 汤池镇志
210 | 德凤镇志
216 | 保安镇志
223 | 王家坪镇志
233 | 巴城镇志
239 | 湾头镇志
245 | 浏河镇志
249 | 中心店镇志
257 | 北庭镇志

264 河图镇志
272 汤家汇镇志
277 云梯畲族乡志
283 穆云畲族乡志
288 浔中镇志
294 北京街道志
299 兴隆华侨旅游经济区志
304 马口镇志
310 汤池镇志
315 烟店镇志
320 杨岭镇志
325 梅李镇志
331 王村镇志
338 八一镇志
345 双林镇志
353 来凤街道志
361 北七家镇志
367 博鳌镇志
372 老城镇志
377 唐崖镇志
383 浦口镇志
387 镇湖街道志
391 店塔镇志
396 鸦滩镇志
403 张谷英镇志
408 德平镇志
414 龙池镇志
421 黄楼街道志
427 木洞镇志
432 石杨镇志
438 石牌镇志
444 柘皋镇志
451 光塔街道志
456 冉庄镇志
460 金庭镇志
468 古现街道志
473 咸水沽镇志

中国历史文化名镇

ZHONGGUO LISHI WENHUA MINGZHEN

周庄镇志

天下周庄

周庄镇情

区位交通

建置区划

地貌水系

河流

湖泊

气候

气温

日照

雨量

梅雨期

人口

人口总量

外来人口

姓氏

经济社会发展

镇域经济

旅游产业

高科技产业

文化创意产业

农业

教育

卫生

人民生活

古镇风貌

市河

南北向市河

东西向市河

其他河港

桥梁

双桥

富安桥

全功桥
隆兴桥
报恩桥
通秀桥
聚宝桥
贞丰桥
普庆桥
蚬园桥
梯云桥
福洪桥
青龙桥
太平桥
古街民居
南北市街
南湖街
城隍埭
蚬江街
西湾街
中市街
福洪街
后港街
文物古迹
全国重点文物保护单位
遗址
遗迹
寺庙道观
周庄八景
清乾隆“贞丰八景”
陈勰重订“贞丰八景”
清光绪“贞丰八景”
周庄新八景

水乡风物

特色物产
白蚬
蚬江鲈鱼
梅鲚鱼
万三蹄
酱蹄
三味圆
腌菜苋
童子黄瓜
虾糟
撑腰糕
提糖云片糕
麦芽塌饼
海棠糕
米糕
万三糕
青团子
富安桥烧饼
豆腐花
熏青豆
庄炉
饮食习俗
日常饮食
阿婆茶

吃讲茶

女性服饰

游艺习俗

摇快船

划灯

提灯会

挑花篮

荡河船

打连厢

打田财

搟马灯

水乡婚俗

婚日

正日

婚礼仪式

岁时节令

新年

二月二

清明节

立夏

端午节

六月六

六月廿四

七月十三

秋社

中秋节

重阳节

十月朝

冬至

廿四夜

庙会

三月廿八汛

走年会

方言俗语

古镇保护

专项规划

古镇保护规划

重点地段整治规划

规划实施

民居修复

古桥修复、重建

街道修复

三线入地工程

污水处理工程

视觉景观形态保护

修建主要配套工程

附：古镇保护模式

旅游开发

旅游景点

双桥

富安桥

沈厅

张厅

叶楚伧故居

迷楼
贞固堂
南湖园
澄虚道院
周庄博物馆
蚬江渔唱馆
民俗文化街
天孝德
戏台
聚宾楼
怪楼
万三园
周庄舫
逸飞之家
沈万三故居
南湖秋月园
旅游项目
古镇陆路游
水上游
江南采珠游
乡村美食游
《四季周庄》实景演出
配套服务
民宿客栈
宾馆酒店
餐饮饭馆
旅游交通
旅行社与游客服务中心
附 1：旅游开发模式
附 2：我陪部长游周庄
附 3：2015 年周庄景区活动指南

沈万三

传奇人生
沈氏后裔
历史遗迹
城垣
路桥
居宅
园亭
冢墓
集镇
碑刻
年画
万三效应

名人与名镇

历史名人
张翰
周迪功郎
章腾龙
费玉成
陶煦
陶焘
陶然
诸福坤

费毓卿
王大觉
陶惟坻
叶楚伧
费公直
朱润苍
沈体兰
朱鼎元
陶冷月
朱根生
沈德滋
叶元
名人与周庄
杨明义“发现”周庄
费孝通去“苦”变“古”
陈逸飞画周庄
陈从周首考周庄
吴冠中采风周庄
三毛的周庄乡愁
王剑冰与《绝版的周庄》

诗文楹联

美文
绝版的周庄
江南小镇（二）
周庄画梦录
上善周庄
诗歌
周庄月色
我为什么没去周庄
周庄八景诗
楹联
沈厅
张厅
古戏台
叶楚伧故居
迷楼
双蕊堂
三毛茶楼
贞固堂
沈万三故居
沈厅酒家
万三蹄专卖店
大诚堂中药铺
全福路贞丰泽国牌坊
蚬江街牌坊
沈万三水底墓
云海度假村石牌楼
南湖园石牌楼
南湖街石牌楼
全功桥
报恩桥
福桥
禄桥
容厚桥
感恩桥
鼎和桥

长盛桥

大事纪略

南社与周庄
迷楼雅集
中国周庄国际旅游节
亚太经合组织贸易部长非正式会议在周庄
美国前总统卡特观摩村民选举
周庄结缘阿尔勒

附录

周庄旅游业态调查
一、调查概况
二、旅游要素的供给
三、游客对周庄的旅游感知
四、游客在周庄的消费偏好
五、结论
杂记
周迪功郎与周庄
金二十相公南渡
韩世忠驻防周庄
徐民望告御状
周庄巡检司喻荣疆监造故宫金砖
朱大绶参与发现大庆油田
名镇申报文本
一、1998 年申请列入世界文化遗产预备清单文本
二、2000 年联合国迪拜国际改善居住环境最佳范例奖文本
三、2003 年亚太地区世界文化遗产保护杰出项目奖文本

主要参考文献

跋

编纂始末

枫泾镇志

吴跟越角话枫泾

基本镇情

历史沿革
自然地理
区位
地形
土壤
河流
潮汐
气候
人口
镇区建设
农工商业
农业
工业
商业
学校医院
学校
医院
居民生活

文化遗产

文物古迹
上海市文物保护单位
金山区文物保护单位
金山区登记不可移动文物
“三普”登记文物点
部分湮没文物古迹
非物质文化遗产
上海市非物质文化遗产
金山区非物质文化遗产

旅游事业

旅游规划
景点
金圃宅第
丁蹄作坊

朱学范故居
施王庙
丁聪漫画陈列馆
三百园
农民画世家展示厅——红胜火
吕吉人画馆
枫围人民公社旧址
程十发祖居
枫泾消防东区火政会旧址
顾水如故居
天命堂
性觉寺
金枫酒事馆
江南婚俗博物馆
倒置屋
张慈中书籍装帧设计艺术馆
百年桂花园
水上人家
景观
古镇牌坊
吴越广场
枫泾三桥
枫溪长廊
桥庙得泉
溪北人家
栅南水长
吴越界河
三元及第
深弄闻音
旅游向导
旅游线路
旅游节
水乡婚典
灯谜艺术节

古镇保护

保护规划
规划编制
保护对象
保护范围
街巷、河道风貌保护
文物保护单位
规划实施
修缮名宅
重建寺庙
重建修缮牌坊、长廊、古戏台
重建名宅
中大街改造
南镇景区开发

金山农民画

农民画溯源
中国农民画村
作者队伍
曹金英
曹秀文

陈芙蓉

陈富林

陈木云

艺术风格特点

取材

构图

色彩

艺术风格

表现手法

农民画成果

中国故事之乡

故事创作

故事演讲

代表人物

郁林兴

毛一昌

唐秀芳

地域文化

界河文化

界河溯源

界河景观

界河界而不界

界河习俗特色

界河商贸

科举文化

致力家教，学为帝师

创办义塾、学社、书院

盛产学官

科举废，新学兴

园林文化

古园林

民国园林

当代园林

群众文化

文化团体

群众艺术

文化设施

风土风情

习俗

衣食住行

婚嫁

生育寿诞

庙会

南北镇两大庙会

乡村小庙会

土特名产

枫泾四宝

其他土特产

美食小吃

特色菜

私房菜

特色小吃

宗教
佛教
道教
天主教
基督教
方言

八大望族

顾氏家族
许氏家族
支氏家族
沈氏家族
郁氏家族
谢氏家族
陈氏家族
程氏家族

八大先贤

大唐名相陆贽
生平事略
主要思想
文学贡献
后世评价
历史遗迹
北宋名士陈舜俞
生平事略
主要成就
历史地位和影响
历史遗迹
晚明才子陈继儒
生平事略
主要成就
历史地位和影响
妙正真人娄近垣
生平事略
主要成就
主要思想
宸翰恩赉
历史遗迹
历史地位和影响
国棋圣手顾水如
生平事略
主要成就
历史地位和影响
历史遗迹
政治活动家朱学范
生平事略
主要成就
历史地位和影响
历史遗迹
漫画大师丁聪
生平事略
主要成就和影响
历史遗迹
主要作品和获奖情况
国画大师程十发

生平事略
主要成就和影响
主要作品和获奖情况
历史遗迹

人物

人物传记
陆宸
许克昌
娄机
张观
徐石麒
项圣谟
蔡以台
谢墉
杨白民
吴若安
袁世钊
谢克东
人物传略
李甲
柳约
戴光远
陈以诚
李自华
杨应标
本冲
柏古
沈辰垣
陶尔穟
浦文焯
杨尔德
毕谊
王啓焜
吴书城
黄鞠
朱运新
俞明
吴健
陶芑生
丁悚
陆定华
李海霞
吴开先
陆龙飞
吴绍澍
达缘
沈德镛
名人与名镇
船子和尚枫泾缘
海瑞断案退民田
著名画家在枫泾
人物名录

诗文著作

诗词选

吊陈舜俞墓
谒先宣公墓祠
江城子·村居
澄鉴寺咏十二绝
定光庵
清风泾
绿水曲·古桂轩感事
忆江南·定慧教寺
清风角
茶亭
文昌阁
鲈鱼
谒关圣殿
吟香阁
东园
性觉寺
杏花村
文笔峰
清风泾竹枝词
枫溪竹枝词
满庭芳·暮春过白牛镇
枫溪棹歌
文选
海惠院经藏记
表贤录序
陆宣公奏议序
重修泖桥澄鉴寺记
海慧教寺重修碑记略
松鳞书屋记
枫泾同善会馆记碑
亚圣南祠始末记
清风泾竹枝词自序
同善会馆征信录序
枫溪郁氏支谱序
枫溪棹歌序
叶氏支祠祠堂记
续修枫泾小志序
小言两句
重要文献辑存

大事纪略

吴越古战场
仁济道院兴废
设酒务　征酒税
韩世忠驻守枫泾
易名白牛镇
设枫泾税课局
倭寇骚扰
月明庵改为性觉寺
“虹桥血案”
太平军与清军激战枫泾
江浙铁路枫泾设二等站
“枫泾暴动”
日军轰炸枫泾
枫泾解放
枫泾南北镇合一
新开市河

"乡镇合一"
枫泾被市政府列为"一城九镇"重点建设城镇
古镇旅游开放典礼
"撤二建一"
农民画村建设
枫泾被评为"中国历史文化名镇"
枫泾古镇评为国家 AAAA 级旅游景区
全国环境优美镇
《枫泾宣言》
枫泾寻画（枫泾古镇）荣膺"新沪上八景"之一
国际友人游枫泾
央视播枫泾春节诗会
"中国故事基地"
全国文明村镇
澳大利亚艺术家莅临枫泾
列综合实力百强镇第 66 位
国家级生态镇

附录

枫泾宣言
《印象枫泾》系列图书·总序
枫泾寻画
梦开始的地方——《中国·枫泾》镇歌
民间故事
白牛荡的传说
谢墉巧语对乾隆
掌故
枫泾廊棚
莫乃弄
趣象
沪杭火车碰头调
干字河道五面潮
床下流水尽困觉
房子朝向垂直造
书画作品选
绘画作品选
书法作品选
对联选
小集镇兴衰
兴塔镇
韩家坞
泖桥
芥字圩新镇
下坊渡
大茫塘
潮泥滩镇

主要参考文献

编纂始末

李庄镇志

万里长江第一镇

基本镇情

区位

地理位置

川南水码头

立体交通

建置

李庄由来

李庄沿革

地貌

人口

人口总量

民族构成

名门望族

镇区建设

老街区整治

新修干道

新修防洪大堤

集贸市场建设

新区建设

筑梦“李庄组团”

红色李庄

中共党员在李庄

中共党支部在李庄

农民协会在李庄

“南溪农暴”第一枪

朱德与李庄

李庄抗战阵亡将士纪念碑

李庄保卫战

文化抗战

缘起与故事

同济迁川，李庄欢迎

下江人“吃人”

“先生些，不亏人”
体民情，为民生
李庄女儿联姻外来学者
走进李庄的外宾
李庄时期的国立同济大学
数度播迁，六载李庄
同济李庄生活实录
李庄时期同济大学三任校长
中国实验胚胎学创始人童第周
从同济大学学生到共和国院士
李庄时期的国立中央研究院历史语言研究所
《六同别录》
抗战时大后方文史图籍最完备的图书馆
“傅大炮”傅斯年
甲骨学家董作宾
“非汉语语言学之父”李方桂
中国现代考古学先驱梁思永
中国人类学先驱凌纯声
北京大学文科研究所
李庄时期的国立中央研究院社会科学研究所
中国社会学先驱陶孟和
中国社会经济史学的奠基者之一梁方仲
经济学家巫宝三
太平天国史专家罗尔纲
李庄时期的国立中央研究院体质人类学研究所筹备处
中国体质人类学奠基者吴定良
李庄时期的国立中央博物院筹备处
中国现代考古学之父李济
博物馆家曾昭燏
东巴文化之父李霖灿
艺术史家谭旦冏
李庄时期的中国营造学社
中国现代建筑学奠基者梁思成
一代才女林徽因
古建筑学家罗哲文
李庄时期的中国地理研究所大地测量组
测量“三大贤”
在中国首开重力测量学课程

文物古迹

重点文物保护单位
全国重点文物保护单位中国营造学社旧址
全国重点文物保护单位旋螺殿
省级文物保护单位原中央研究院李庄旧址
省级文物保护单位李庄张家祠
省级文物保护单位李庄东岳庙
省级文物保护单位李庄禹王宫
其他古建古街
玉佛寺
南华宫
祖师殿
桓侯宫
王爷庙
奎星阁

麦天官府
席子巷
羊街

风土民情

特色食品
一花
二黄
三白
省级非物质文化遗产李庄草龙舞
特点
传说
传承
民风民俗
服饰
饮食
居室
出行
礼俗
移风易俗
特色语言
唱词歌谣
方言
谚语
歇后语

本地人物

张懋江
罗南陔
康瀛洲
洪默深
罗伯希
张大经
张守恒
张官周
罗蔚芬
李泽延
洪蔚德
周懋庸
曹昌惠

艺文

外地作者诗文
夜宿李庄
石笋舟中
《亟庐诗钞》叙
留别李庄栗峰碑铭
李庄同济广场纪念碑碑铭
栗峰谣
李庄忆旧
李庄寻踪
李庄琐忆

故旧重逢
致李庄人民
再见李庄
为什么是岱峻——《发现李庄》第三版序
赠李庄父老
古镇李庄吟
贺《天下第一庄诗词集》发行
留恋李庄
咏天下第一庄·李庄
李庄古镇

本地作者诗文

无题
惜春
暮春
春怀
闲望
流泉
感怀
重徙旧居
春夜
秋夜
晚归
夜泊
过故乡
浮萍
飞燕
野菜
独居有感
李庄东皇会竹枝词
生日并序
对酒
放怀歌
梦登最高峰作歌
秋日吟
《南金集》序
李庄栗峰碑——记抗战时期中央研究院迁宜宾史事
李庄歌——为抗日战争胜利
周年作
李庄赋
关于恢复李庄古镇“抗战阵亡将士纪念碑”的建议

李庄名胜古迹楹联

慧光寺（原禹王宫）楹联
东岳庙楹联
桓侯宫楹联
左罗氏孝坊联
王爷庙后山门楹联
栗峰山庄楹联
中国营造学社旧址楹联
羊街李济旧居门联
羊街曾家大院石坊联
羊街李家院石坊联
羊街颜家四合院门联
羊街刘家院门联
羊街胡家四合院石坊联
张家祠门联
中国李庄书画院门联

玉佛寺联
玉佛寺侧门联
天上宫石门联
逸闻与传说
雷孝子坊的传说
左罗氏孝妇牌坊的传说
李庄麦天官府的传说
旋螺殿的传说
李庄席子巷趣话
李庄古代故事传说
讽刺诗联的传说

大事纪略

李庄解放以前
成为县治所在地
建立中华民族解放先锋队
设立三等乙级邮局
同济大学、中央研究院等迁来李庄
创办宪群女子初级中学
“筲箕背”翻船
李庄解放以后
成为区人民政府驻地
土地改革试点工作
培修旋螺殿
修建九烈士纪念碑和公墓
建设自来水厂
修建帅家沟水库
学习革命烈士曹昌惠
宜宾师范专科校创于李庄
实行生产责任制
划归县级宜宾市
创建省级、国家级“历史文化名镇”
开办宜宾市青年初级中学
李庄白酒获国家级、省级奖
修建电视差转台
组建新的李庄镇
1994 年旱灾
列为国家级、省级小城镇建设试点镇
修建变电站
李庄街道改造
修建防洪护岸工程
“古镇李庄”牌坊落成
举办草龙文化节和李庄白肉第一刀比赛
举办文旅节和《发现李庄》首发式
旅游公路通车过境
打造新街子
举办中国李庄抗战文化节
《李庄镇志》(2006 年版)出版发行
李庄同济广场竣工
“全国粮食科技活动周”活动在李庄启动
晋升为 AAAA 级旅游景区
获评四川最美古镇、国家级环境优美乡镇
“李庄组团”城市规划的诞生
《中国古镇》特种邮票在李庄发行
古镇景区全面改造升级

松口镇志

中国移民纪念地

基本镇情

位置　面积

位置

面积

建置　区划

建置

区划

自然环境

地貌

河流

自然资源

气候

人口　姓氏　语言

人口

姓氏

语言

水路交通

航道

港口

码头

水运

经济

农业

工业

商贸

特色经济

华侨之乡

客家人下南洋第一站

世界客侨“海上丝绸之路”始发地

客侨移民始发地

附 1：中国（梅州）移民纪念广场

附 2：世界客侨移民展览馆

水客与侨批

水客

侨批

附：松口侨批　海上丝绸之路记忆

华侨的贡献

投身民主革命

资助民主革命

投资家乡

捐助家乡

名商侨领

谢益卿、谢梦池父子

梁采臣、梁映堂、梁密庵、梁锡佑、梁世桢爷孙五代

张榕轩、张耀轩兄弟

李九香

李蓉舫

廖访珠、廖子君父子

廖煜光

李桐生

伍淼源、伍佐南和伍东白、伍伯林、伍班超、伍万通爷孙五代

谢逸桥、谢良牧兄弟

梁行果

文化之乡

文物古迹

古塔

亭台

寺庙

古民居

古桥

渡口、码头

古街区

古街区起源与发展

名街、圩场

获评“中国历史文化名街”

古村落

铜琶村

大黄村

梅教村

南下村

小黄村

古镇保护

历史文化名镇保护

历史文化名街保护

传统村落保护

非物质文化遗产保护

名胜古迹、古街、古民居保护

文化活动与文化设施

文化活动

文化设施

山歌之乡

松口山歌起源与传承

山歌起源

山歌传承

山歌剧团与山歌协会

业余山歌剧团

松口山歌协会

山歌场馆

山歌曲调与歌词

基本曲调

歌词表现手法

歌词选录

知名山歌手与山歌创作者

知名山歌手

山歌创作者

教育强镇

教育启蒙与兴盛

宋至明清时期教育

民国时期教育

中华人民共和国时期教育

广东省教育强镇创建

创建工作实施

教育资源配置优化

创建目标实现

学校选介

松口中学

松南中学

松口镇中心小学（新民小学）

溪南学校

客家风情

特色风情文化

喜读书、重礼仪、讲孝道

热情好客、和睦邻里、热心公益

喜占卜、信巫术、酷风水

女不裹脚、男女同劳作

筑建围龙屋、聚居族群

节令习俗

春节

接春

过月半

闹元宵

清明节

太阳生日

端午节

秋日

七月半

作福

中秋节

喜庆习俗

婚姻

生育

生日庆寿

传承习俗

买嗣

过房

顶房

丧葬习俗
过岁
拣日课
报声（丧）
入殓
起坛做斋
送神
行祭
出殡送葬
逻红
做七
拦社
百日、周年
分年
葬风水
信仰习俗
民间信仰
围龙屋内外诸神
宗教
生活习俗
饮食习惯
妇女生活习俗
传统用具
传统生产农具
传统生活器具
方言
松口话主要特点
日常用语
常用称谓
童谣
谚语、惯用语、歇后语

客侨文化色旅游地

名胜与景点
古景新姿
山明水秀
古街沧桑
佛门禅地
民居奇葩
桥渡古韵
古村风情
客侨记忆
时尚景观
特产与美食
特产
美食
古镇风情游线路
餐饮住宿

金柚飘香

金柚引进与种植
引进与改良
种植与栽培
支柱产业发展
庄园基地建设
品牌战略实施

"新航母"经营模式打造

星耀客乡

名人传略

李士淳

吴兰修

谢益卿、谢梦池

张榕轩、张耀轩

梁映堂

温仲和

饶芙裳

李维源

谢逸桥、谢良牧

伍佐南

伍东白

梁密庵

廖子君

丘哲

进士名录

政要与松口

孙中山到访松口

蒋介石途经松口

叶剑英视察松口

泰国前总理他信、英拉兄妹到松口寻根问祖

松口艺文

著作

诗文

登元魁塔

蓬辣洪涛

阴那灵雨

阴那山小歇石

阴那山大歇石

松江塔阁

蓬辣滩

游二水庵和黄李二生

过张陆渡宋井怀古

无题

鳄潭夜泊

得荷田书

寄竹君侄

黄金镂（寄书后作）

题王竹航太令利亨画册

怀颜湘帆茂才崇衡

大江东去渡江至京口

造访槟榔屿极乐寺感赋

无题

闻日本和议成书愤

闻割台湾归日本

归思

海军衙门

百花洲竹枝

半径樵归

松江晚眺

岭南荔枝词

松口二何书院

偶然
红梅
松口安济庙
松口车田小学校歌
松口中学校歌
松口大宗小学校歌
皖南事变感怀
悼邓演达被蒋杀害
梅县松口元魁塔
吼声
塔
蓬辣滩
松南佛缘庵揽胜
松口千年古镇颂
戏剧　汉乐　曲艺
戏剧
汉乐
曲艺
附：松口句板（竹板歌）唱腔
唱片　影碟
书法　美术　摄影
书法
美术、摄影
碑记
罗惟政碑文
重建松江书院记
重建松江书院序
登塔记
牌匾
广福桥碑记
松口图书馆新筑落成记
饶氏宗祠点灯碑
密庵亭碑刻
谢良牧墓铭
重建文昌阁兼修元魁塔记
掌故与传说
上夜三斤狗，下夜三伯公
客家经典山歌故事之一：自古山歌从（松）口出
客家经典山歌故事之二：做鬼同郎去过番
妻贤夫贵
叶剑英爱唱客家山歌

大事纪略

明末李士淳倡建元魁塔
中国同盟会岭东分会松口支部成立
松口体育学堂（体育传习所）创办
松口图书馆兴建
20 年代松口火船码头兴建
20 年代松江大酒店兴建
1933 年松口中山公园兴建
梅东桥兴建
1957 年松口华侨水电站建成投产
1995 年松口秋云桥兴建
2000 年获评“全国亿万农民健身活动先进乡镇”
2008 年获评“广东省教育强镇”

2013 年松口古街获评“中国历史文化名街”

2013 年、2014 年 5 个村被评为“中国传统村落”

2013 年中国（梅州）移民纪念广场落成

2014 年入选“中国历史文化名镇”

2014 年被确定为“全国重点镇”

2015 年入选“中国华侨国际文化交流基地”

主要参考文献

编纂始末

瑷珲镇志

北疆锁钥　龙江明珠

黑水重镇

沿革　区位

沿革

区位

行政区划

概况

行政村

街道

人口　民族　姓氏

人口

民族

姓氏

附：满蒙姓氏辨汉

自然环境

概况

地形　地貌

河流　水库　池塘水泡

气候　物候

自然资源

社会发展

古镇建设

姚福升收复瑷珲城重建

古镇新貌

古镇规划

古镇荣誉

镇村经济

种植业

畜牧养殖业

商贸服务业

边境贸易

捕捞业

农民收入

社会事业

教育

卫生

边务

旅游

特色文化

流人文化

概况

流放学士蔡毓荣

文人义士何世澄

杨瑄父子及戍边诗作

描写瑷珲的其他诗作

流寓文化

概况

边瑾与边塞诗文

少数民族文化

诗词　文献

民间歌曲

民间舞蹈

本土文化

校训　校歌

群众文化活动

瑷珲地域文化研究与文学创作

地方史志编纂研究

文学艺术创作

非物质文化遗产

瑷珲上元节

鄂伦春族斜仁柱

桦树皮制作技艺及其他手工技艺

刺绣工艺

名胜古迹

遗址

瑷珲古城遗址

瑷珲新城遗址

黑龙江（瑷珲）副都统衙门

大人府

瑷珲海关旧址

瑷珲码头

十字街上的钟楼

满族风格民居

古城庙宇

清真寺

边城古墓群

遗迹

古驿站

军事遗迹

战争遗迹

文物

魁星阁

见证松

瑷珲条约纪念碑

瑷珲馆藏文物

佚失文物

名胜

古城街区景观
瑷珲国家森林公园
“十里长江”景观公园
外三道沟知青休闲度假村
外四道沟俄罗斯族特色村寨
园苑史馆
概况
瑷珲历史陈列馆
知青博物馆
瑷珲海关历史陈列馆
瑷珲记忆馆
瑷珲卫国英雄园
外三道沟村史馆

民俗风情

特色民俗
乡饮酒
正月十六抹花迷子
骨碌冰
五月节露水洗脸
特产
瑷珲江鱼
山珍野味
美食
满族人的“八碟八碗”
满族火锅
瑷珲特色江鱼
渍菜粉
猪肉炖粉条
排骨炖油豆角
鲇鱼炖茄子
杀猪菜
节庆
上元节
黑龙江开江节
民间传说
三仙女的传说
“十里长江”出九位将军的传说
窦尔敦的传说
黑龙的传说
大马哈鱼解救清军的传说
瑷珲平安天石的传说
黄烟的传说
飞龙鸟的传说
古窑岛的传说
龙眼井的传说
半截碑（满族）
抗俄英雄海兰姑娘
逸闻趣事
两地同名原本是一家
瑷珲“关帝庙”

艺文

文征
瑷珲城庚子后收复始末纪
代邮快电——请向俄国索还瑷珲江东

六十四屯议案
清代瑷珲城的朝贡
诗词
蔡仁庵先生秋山集饮
纪异
艾河元夕竹枝词
额尔古纳河、格尔必齐河巡察记
寿徐都护六秩双庆诗
北望
贺孙蓉图荣升为黑河代理道尹四首
龙沙吟（组诗四首）
鄂伦春竹枝词
鄂伦春纪事诗五十韵
鄂伦春纪事诗三十二韵
瑷珲怀古四首
瑷珲感怀四首（用边瑾《龙沙吟》韵）
望黑龙江东故国领土
中俄《瑷珲条约》签订 158 年祭
鹧鸪天瑷珲开江即景
楹联
述之仁兄先生六秩大庆联
述之仁兄都护六秩双寿联
宋小濂为徐希廉题“居廉怀让”联
题黑河公园楹联
清末瑷珲完小校训联
题瑷珲历史陈列馆
方言　谚语
方言
谚语

名镇名人

清代瑷珲籍的九位将军
布尔沙
德宁阿
富勒珲
富明阿
善庆
托克湍
克蒙额
绰哈布
寿山
名人传略
庆祺
寿山　永山
徐希廉
勾纪修
陈连悦
郭德权
陈庆山
郭霁云
周芳
名人印记
萨布素
何世澄
杨瑄　杨锡履　杨锡恒
敖昌兴
李金镛

凤翔
依克唐阿
姚福升
谢泰钧
张寿增
孙蓉图
边瑾
瑷珲镇获黑龙江省劳动模范称号人员一览表

大事纪略

雅克萨之战
1689 年中俄《尼布楚条约》签订
1858 年中俄《瑷珲条约》签订
1900 年“庚子俄难”
1900 年“海兰泡惨案”
1900 年“江东六十四屯惨案”
1900 年瑷珲保卫战
收复瑷珲及重建
1946 年建立人民政权
“瑷珲”行政用字的变迁

附录

黑龙江（瑷珲）副都统年表
清代黑龙江（瑷珲）副都统所辖驻军
清代黑龙江（瑷珲）副都统所辖卡伦设置

主要参考文献

编纂始末

寨市苗族侗族乡志

神奇绿洲的璀璨明珠

基本乡情

寨市区位交通

寨市建置区划

城内居民委员会

西正街居民委员会

农业村

自然环境

地形地貌

主要山峰

土壤

绿色植被

农作物

气候

水资源

莳竹水

下寨水

兰家水

竹桥水

地下水

人口　姓氏

人口总量

产业人口

姓氏探源

基础设施

农田水利

水电设施

交通设施

通信设施

新农村建设

教育发展

文教培训

发展现代教育

教育环境优化

教师队伍建设

办学条件改善
教育事业发展
成人教育
图书馆建设
文化活动
庙会活动
少数民族文化挖掘活动
文艺演出活动
文艺比赛活动
体育卫生
体育事业
医疗设施
合作医疗
爱国卫生运动

古镇风貌

布局特点
特色建筑
窨子屋
正板古民居
古街
西正街
县正街
东正街
小东门
对河街
西河街
古巷
学功界
高井头
龚家巷
照墙背
苏家巷
花桥
西河桥
高仓花桥
大湾花桥
竹桥花桥
文物胜迹
虎谿书院
镇河神墩
九庙
三寺院
四祠堂
三会所
古城墙
安平观铁钟
古碑
旗杆石
古井
红色胜迹
中共绥宁特别支部成立地遗址
红七军绥宁指挥所龙家祠堂
红军岭和红军路
抗日阵亡将士纪念碑

古镇保护与旅游开发

保护规划

规划实施

古镇保护规划实施管理领导小组

历史建筑档案

建筑变更审议制度

古城保护专项资金台账

古建筑维修与工程建设

街道、巷道仿古改造

古建筑维护

重修工程

美化、亮化工程

烈士陵园工程

过城公路改造

疏理河道工程

修建防护堤

市场体系建设

古城功能区建设

旅游开发

旅游主题

旅游景区

古城景区

云雾山风景区

正板古民居景区

旅游项目

文化旅游

红色旅游

风景旅游

民俗旅游

旅游商品

林业经济

森林资源

森林总量

林木植物

林中动物

古树名录

造林育林

采种育苗

荒山和迹地更新

森林抚育

封山育林

四旁绿化

立体开发

林种结构调整

立体利用林地空间

多形式多层次深度加工

林业管理

管理队伍

管理模式

依法护林

护林防火

病虫害防治

苗族文化

文化活动

庙会活动

龙灯会活动

祠堂文化活动

民间教育

“堂子”教育

“三朝”教育

“歌会”教育

“款会”教育

“鼓社”教育

“灯会”教育

苗学教育

书院

社学

民族体育

苗拳

打陀螺

骑高脚马

荡秋千

举石锁、舞大刀

摔跤

扭扁担

爬树、爬藤、爬竹

踢毽子

打抢燕

苗医

苗医特点

苗医诊断

苗医治疗

民间验方

非物质文化遗产

国家级非物质文化遗产

苗族四月八姑娘节

市级非物质文化遗产

根雕

木锁制作技艺

放水灯

县级非物质文化遗产

傩戏

舞龙灯

耍狮子

佛歌

号子歌

山歌

吹木叶

正在申报的项目

十月兄弟节

迎客舞

打花棍

米筛舞

踏竹舞

采叶舞

彩伞舞

送亲舞

风土风情

民间故事

苗家人敬狗

东山老人和南山小妹

唱歌妹智胜秀才和和尚

地名传说

七星坡

斩龙坳

竹桥

特色美食

香菇炖土鸡

竹篓粉蒸肉

天麻排骨汤

泥鳅拱豆腐

清蒸河鱼

羊肉鸳鸯火锅

黑米饭

特色小吃

木炭烤糍粑

茶油煎糍粑

马打滚

油茶

苗家三杯茶

土特名产

茯苓

天麻

灵芝菌

竹笋

青钱柳、绞股蓝

岁时习俗

春节

清明节

姑娘节

兄弟节

端午节

尝新节

中元节

中秋节

打惊蛰

六月六

传统习俗

婚嫁习俗

生育习俗

寿辰习俗

丧葬习俗

生产习俗

农业生产习俗

林业生产习俗

狩猎习俗

建房习俗

生活习俗

服饰习俗

居住习俗

棋艺习俗

二人牛角棋

裤裆棋
成三棋
五子飞
六子棋
五行棋
豆腐棋
皇帝棋
牛角棋
自然崇拜
天崇拜
地崇拜
日崇拜
月崇拜
水崇拜
火崇拜
古树崇拜
龙崇拜
狗崇拜
牛崇拜
祖先崇拜
人类祖先崇拜
民族祖先崇拜
血缘祖先崇拜
家庭祖先崇拜
谚语　歇后语　讳语
谚语
讳语
歇后语
楹联
龙家祠堂门口
杨家祠堂门口
三元宫门口
圣力寺门口
寨市桥联
孔子庙
文昌阁
关圣殿
城隍庙联
正板杨昌善家门
云雾庵门口对联

名人与名乡

寨市历史名人
杨飞腾
刘彦文
杨玉清
李继桢
李继辉　李继煌
杨汉清
李茂春
正板趣事
自信秀才杨晴
民居功臣杨昌清
五品武将杨进寿
清瘦保镖杨起炳

诗文选萃

古城诗咏

文笔凌云

七星二首

四山环翠

一水纡蓝

散曲四首

云涌天阙

历史的回声

丹青寨市（歌词）

寨市散记

莳竹水——母亲河

夕阳古镇旧时风

寨市三章

游云雾山

虎豁怀旧

寨市匠人多

我给红军带路攻打寨市城（口述）

大事纪略

杨再思任徽州刺史

蒙能、李天保建立苗民政权

秦应刘疏理莳竹水

五四运动中的寨市

筹粮救荒运动和中共绥宁特别支部成立

热血青年奔赴抗日前线

寨市两次解放

剿匪和土改运动

红星大队创办集体采育场

建立和完善农村生产责任制

寨市经济结构转轨变型

主要参考文献

编纂始末

千灯镇志

顾炎武的故乡——千灯

千灯镇情

建置沿革

镇名由来

沿革区划

村、社区简介

区位交通

地理环境

地貌

气候

河流

人口

人口总量

外来人口

姓氏

经济社会发展

镇域经济

农业

工业

旅游产业

教育、卫生

人民生活

古镇保护

古镇格局

保护规划

总体保护规划

重点项目规划

规划实施

古街维修

古塔修复

古建筑修复

古石桥修复

旅游

旅游项目

古镇游

水上游

古村落游

生态游

旅游服务

游客接待中心

宾馆酒店

停车设施

旅游节庆

千灯文化旅游节

石浦羊肉节

曲艺之乡

昆曲

顾坚与昆曲

昆曲传承

江南丝竹

陶岘与江南丝竹

丝竹班

跳板舞

表演内容

传承发展

群众文艺

小唱班

戏曲沙龙

金言戏剧团

石浦小学曲艺团体

风土人情

岁时节俗

春节

元宵节

清明节

望田青 · 做端午

中秋节

重阳节

廿四夜

除夕

传统风俗

婚姻习俗

生育习俗

礼葬习俗

亲友习俗

生活习俗

做社

庙会

特色物产

千灯八吃

石浦羊肉

千灯小麻糕

千灯肉粽

香花桥海棠糕

方言俗语
日常方言
生活俗语
歇后语
民歌民谣

顾炎武

顾炎武生平
少年好学
南明抗清
北上苦旅
累拒仕清
顾炎武著作
《肇域志》
《天下郡国利病书》
《日知录》
《音学五书》
著作概览
顾炎武思想主张
爱国主义思想
治学思想
廉政思想
遗址遗迹
故居
顾园
祠堂
墓地
顾炎武效应
纪念活动
特色命名
研究简介
附：顾氏世系

人物

人物传略
顾坚
陶岘
卫泾
刘必成
张和
叶盛
陈铣
徐世寿
吴庆堂
方学武
后明晖
陈绍裘
陆仁福
张仲云
顾以藩
杨雪林
名人与千灯
顾毓秀拜谒亭林墓
梅葆玖情系千灯昆曲
周火生心系“希望工程”
走出石板街的将军周江

白先勇盛赞小昆班
民航功臣蒋志伟情系桑梓
好乡医刘阿东救死扶伤
统计工作标兵吴辉明
劳模朱永乐创新在千灯
刘健屏关注家乡文化事业
顾芗热恋千灯古镇
杨瑞龙关心家乡经济建设
杨小林领军千灯线路板事业
盛小云倾情演唱“金千灯”

艺文

诗歌
登秦望山
过淀山湖
登千墩塔
六鳌山
大行哀诗
淄川行
秋山
精卫
赠朱监纪四辅
萧墅探梅
淞南八景
尚书浦
第一桥
秦柱晓钟
双虹卧水
少卿山
秦望山
尚书浦
淀山湖
亭林先生诞生三百七十年纪念恭赋
亭林先生三百七十年纪念恭赋
楹联
顾炎武故居楹联
余氏典当楹联
古桥对联选录
“金千灯”楹联采撷
碑文墓记
千灯镇乡约碑记
吴淞江赋
亭林墓记
美文
寂寞石板街
从古桥变迁透视发展观的演变
千灯亮了
千灯，风姿绰约令人醉
千灯镇看不够，品不尽
只取千灯一盏灯
著作书目

大事纪略

秦始皇南巡祭海
昆山第一位状元
夏尚书治理千灯浦

新四军驻所歇马桥
文化部访书专员为千灯昆曲溯源
千灯镇率先消灭血吸虫病
神舟飞船用上千灯生产的电路板
吴淞江千灯段裁弯取直
千灯、石浦两镇合并
千灯设立昆山国家农业示范区
千灯入选中国历史文化名镇

掌故杂记

朱春泉相婿
石浦的来历
歇马桥的来历
御赐种梅少卿山
西宿桥的由来
马路桥钩沉

附录

千灯城镇化发展模式
千灯古镇保护暂行办法

主要参考文献

编纂始末

青木川镇志

脚踏三省青木川

基本镇情

区位交通
历史沿革
建置区划
地理环境
地形地貌
主要山峰
主要河流
气候
自然资源
矿产资源
人口
经济社会发展
社会经济
旅游产业
社会事业
镇区功能布局
经济发展片区
历史文化保护片区
镇村建设
集镇建设
农村建设

古镇风貌

河流
古镇建筑
建筑特色
回龙场老街
玉泉坝老街
魏氏宅院
辅仁中学
唐世盛
辅友社

辅仁剧社
荣盛魁
荣盛昌
古祠
赵家祠堂
桥梁栈道
风雨桥
西沟栈道
文物胜迹
古羌人石板墓葬

古镇保护

专项规划
规划实施

旅游开发

旅游景区
青木川国家级自然保护区
旅游景点
魏氏宅院
辅仁中学
唐世盛
辅友社
辅仁剧社
荣盛魁
旅游项目
古镇游
生态游
金溪湖大峡谷漂流
旅游服务

风土风情

美食小吃
浆水菜
金裹银
苞谷糊汤
苞谷面馍
浆水鱼鱼
菜豆腐
面皮
粉皮
浆水面
菜豆腐节节
核桃馍
根面角
假鱼
麻辣鸡
罐罐茶
土特名产
熏腊肉
黑木耳
香菇山菌
核桃
柿饼
生漆

土蜂蜜

岁时习俗

宗教性习俗

生产性习俗

传统习俗

婚丧礼俗

诞辰

传统女红

刺绣

剪纸

民间歌舞

音乐

民歌

舞蹈

特色文化

傩文化

傩技

傩舞、傩歌和傩戏

傩祭

傩面具

傩器

傩俗

锣鼓草

板凳龙

脸谱

信仰禁忌

信仰

方言俗语

方言

谜语

谚语

歇后语

名镇名人

历史名人

魏辅唐

刘甲三

黎民觉

徐种德

名人与名镇

叶广芩与青木川

艺文

诗歌

闲题坝中诸景

秋日游回龙寺题壁

散文

重修文昌宫叙

记忆中的风雨桥

我为何去辅仁中学任教

楹联

碑文

匾牌匾额

大事纪略

陕西青木川国家级自然保护区的设立

青木川省级、国家级文物保护单位的认定

陕西省文物保护单位

中华人民共和国第七批全国重点文物保护单位

国家 AAAA 级旅游风景区的创建

历史文化名镇、特色景观旅游名镇、最美休闲乡村的获得

中国历史文化名镇

全国特色景观旅游名镇

中国最美休闲乡村

移民安居工程

附录

魏辅唐案判决书

陕西省宁强县人民法院关于对魏辅唐反革命一案的复查报告

陕西省高级人民法院魏辅唐案复查（批复）

青木川相关影视书籍一览表

编纂始末

南翔镇志

千年古镇银南翔

镇情概览

历史沿革

地名来历

建置沿革

行政区划

村庄社区

地理环境

交通区位

地貌土壤

水系河流

气候物候

自然资源

人口姓氏

人口总量

人口构成

姓氏源流

教育卫生

教育

卫生

居民生活

社会保障

居民收入

衣食住行

千年古镇

古镇格局

街巷

河网

桥梁

此篇目有删改。

店铺

古镇遗迹

古寺

古园

古井

古塔

古桥

古民居

古树

其他古迹

附：槎溪十景

古镇“非遗”

竹刻

南翔小笼

石锁、石担

古镇保护

规划实施

双塔历史文化风貌区

古猗园历史文化风貌区

文物保护单位

经济强镇

民营经济

发展历史

产业结构

农工商业

农业

工业

商业

五大经济城

上海蓝天经济城

上海南翔经济城

上海古猗园经济城

上海环球经济城

上海南翔高科技经济城

宜居城镇

基础设施

功能布局

市政建设

公用事业

生态环境

生态建设

环境保护

公共绿地

道路绿化

河道景观绿化

住宅小区和单位绿化

环境卫生

城镇化建设

城镇规划

人口导入区

星城住宅区

农民集中居住区

动迁安置房

消失的自然村宅

银南翔文化商务区（新镇区）

南翔小笼

小笼制作

发展历史

制作技艺

南翔小笼馒头文化体验馆

小笼文化

小笼文化展

小笼美食节

小笼制作技艺大赛

小笼群文作品

小笼传说

慈禧亲题“天下第一包”

王韬爱吃的美食

梁启超请客

于右任的奖赏

张爱玲喜欢的“灵秀之物”

名家笔下的小笼

南翔小笼情结

小笼馒头随想录

透明的馒头

南翔镇与小笼

与“南翔小笼”之“大缘”

甜丝丝的香气——南翔小笼的儿时记忆

古镇旅游

景区景点

古猗园景区

南翔（老街）景区

檀园景区

银翔湖景区

留云湖景观

云翔寺景点

鹤槎山景点

天恩桥景点

旅游线路

交通导向

古猗园旅游指南

老街旅游指南

檀园旅游指南

银翔湖旅游指南

留云湖旅游指南

旅游服务

旅游接待

酒店餐馆

地域文化

传统文化

戏曲庙会

元宵灯会

端午文化活动

中秋文化活动
重阳文化活动
园林文化
古猗园文化活动
檀园文化活动
群众文化
文化场所
文化团队
文化沙龙

风土风情

岁时节俗
春节
元宵节
清明节
端午节
中元节
中秋节
重阳节
除夕
礼仪习俗
婚嫁
丧葬
喜庆
宗教信仰
佛教
道教
天主教
基督教
南翔四宝
南翔小笼
郁金香酒
罗汉菜
肥羊大面
名点小吃
名点
小吃
方言土语
方言词汇
俗语
熟语
谚语
歇后语
故事民谣
民间传说
山歌民谣
南翔棹歌
三槎浦棹歌
槎溪杂咏
槎浦棹歌
新槎浦棹歌
赋词
南翔赋

名家巨匠

一代文人李流芳

生平事略
主要成就和影响
主要作品
竹刻高手吴之璠
生平事略
主要成就和影响
主要作品
茶经“亚圣”陆廷灿
生平事略
主要成就和影响
社会贡献与著述
国画大师陆俨少
生平事略
主要成就和影响
教育贡献与著述
博学多闻于光远
生平事略
主要成就和影响
学术成果与著述

人物

人物传略
归昌世
张鸿磐
周颢
李锡秦
仇垲
杜世柏
程廷浩
李景董
程芝筠
诸玉衡
程庭鹭
蔡尔康
姚子梁
许苏民
张近芬
王培孙
余伯陶
曹云祥
姚明晖
陈君起
李铿
张梦飞
冯简
许元启
张幼仪
黄家骅
吴雪之
芮沐
浦泳
陆象贤
陈之平
俞汉祥
孙景尧
进士、举人名录表

诗文著述

诗文选萃

诗词选

文选

邑人著述

艺文集锦

镇标镇歌

镇标

镇歌

碑刻碑文

碑刻

碑文

楹联

云翔寺

古猗园

檀园

天恩桥

西城桥

报济桥

金黄桥

影视剧作

电视连续剧《栀子花白兰花》

宣传片《鹤舞南翔》

《梦想剧场》南翔专辑

文献纪录片《厚积薄发话南翔》

交响乐《鹤舞南翔》

情景剧《老街童趣》

专题片《古镇南翔》

女声四重唱《古镇风情》

书画作品

大事纪略

南朝梁建寺成镇

白鹤南翔寺兴衰

南宋韩世忠兴建烽火墩

明代创办槎溪小学

明代抗击倭寇

明嘉靖年间初建猗园

明崇祯年间索契暴动

抗清战事

清代罗汉党起义

英法联军两次入侵南翔

清代南翔始建悦来女塾

清代创办私立育才馆

清代南翔学会成立

清代沪宁铁路设南翔站

“五四”运动在南翔

齐卢军阀之战

嘉定第一个共青团组织在南翔成立

“一·二八”淞沪抗日南翔战事

“八一三”日军侵华南翔沦陷

1949 年 4 月南翔解放

南翔镇人民政府成立

南翔人民公社成立

社镇合并

1997 年《南翔报》创刊发行

1999 年荣获全国小城镇建设示范镇称号

2000 年荣获国家卫生城镇称号

2002 年南翔小笼荣获世界金奖

古猗园、南翔（老街）景区获评国家 AAAA 级旅游景区

南翔获千强、百强镇称号

2009 年实现公交村村通

2009 年轨道交通 11 号线南翔站启用

2010 年沪宁城际高铁南翔北站启用

2010 年荣获中国历史文化名镇称号

2011 年荣获全国文明村镇称号

2014 年南翔小笼馒头制作技艺被列为国家级“非遗”名录

2015 年南翔镇被列为“全国特色景观旅游名镇”

主要参考文献

编纂始末

陇城镇志

西出陇山第一镇

基本镇情

区位　交通

区位

交通

建置区划

建置沿革

行政区划

自然地理

地貌

地质

气候

土壤

山梁

略阳川

河流

村落

娲皇村

凤尾村

略阳村

龙泉村

西关村

常营村

上袁村

南七村

张赵村

张沟村

陈村

山王村

金泉村

上魏村

朱魏村

范吕村

阴坡村

王李村

张湾村
王湾村
许墩村
崇仁村
人口
人口总量
人口密度
年龄构成
职业构成
文化构成
民族构成
姓氏
商贸　集市
集市
交流会
市场变迁
镇村建设
街亭大道
娲皇路
广场建设
新农村建设
乡村道路
安全饮水工程
河道治理
电力通信
改土造田
新型农业
教育　体育
明清教育
民国小学
新中国教育
陇城教育园区
体育
医疗卫生
民间医疗
陇城镇中心卫生院
合作医疗

女娲祭典

女娲祠
历史变迁
名人题匾
女娲祠庙会
祭祀社火
戏剧烟花
女娲祭祀
民祭
公祭
附：二〇〇六（丙戌）年公祭人文始祖女娲祭文
女娲文化论坛
首届女娲文化论坛
第二届女娲文化论坛
第三届女娲文化论坛
女娲传说
抟土造人
炼石补天

鸳鸯鸟的传说

街亭

街亭与陇城

街亭位置

街亭与陇城

街亭文化园

街亭之战

历史背景

战争经过

行军路线

军事重镇

军事设施

城池

陇城寨

关隘

重要战事

秦戎之战

略阳之战

夏侯渊略阳征韩遂

陈安悲壮保陇城

秦凉激战略阳川

王元寿起义略阳城

尔朱天光占陇城

宇文泰轻骑取陇城

杨开甲兵败略阳川

十年战火略阳川

驻防与武装力量

驻防

团练　民团

文化名镇

名胜古迹

陇城明清街

四合院

西番寺

常平堡

关帝庙

龙泉

牌楼

新城

魁星阁楼

凉飚阁

文物

秦权

秦铜灯

印章

铜镜

铜戈

车马

玉璜

弩机

头盔

行军锅

秦汉墓葬群
庙会
西番寺庙会
甘霖寺庙会
关帝庙会
常平堡庙会
泰山庙会　玄坛庙会　太白庙会
书法绘画
书法
绘画
社团组织
戏曲　社火
戏曲
社火
刺绣　雕塑
刺绣
雕塑
剪纸　草编
剪纸
草编
马尾荷包
传说
造型特征
制作工序

风土风情

宴席　小吃
宴席
小吃
土特产
手工醋
烧酒　黄酒
粉条
传统节日
春节
上九
元宵节
二月二
五月五
六月六
七月七
中秋节
九月九
十月一
腊月八
送灶节
春分
清明节
生活习俗
建房
罐罐茶
冬吃馓饭
酒曲酒令
生辰
婚嫁
丧葬
民间礼俗

问候
称谓
礼节
乔迁
挂红
禁忌
谚语　歇后语
谚语
歇后语

名人与名镇

人物传略
郭荷
李特
李雄
梁平老
吕婆楼
权翼
吕光
吕纂
吕隆
吕他
权德舆
权璩
王恕
张锦
张潜
张之渠
张光孝
赵衍序
李谦
彭绳祖
王明
姜国盛
彭绵宣
张之亮
李永卿
常俊杰
名人与陇城
陇上壮士陈安
元好问父子与陇城
牛运震
严长宦改河护城

艺文

诗歌
女娲赞
陇上为陈安歌
杂歌谣辞·司马将军歌（代陇上健儿陈安）
同王员外陇城绝句
江上闻笛
中秋夜陇州徐常侍座中咏月
伤张玖秀才
初过陇山途中呈宇文判官
伤温德彝
将至陇城县

送陕西提刑陆介夫学士
十一月五日暂往西张
秦州三咏
陇城雨中即事
秋雨叹
碑文
凉飔阁碑记
秦安重修文庙碑
西番寺碑记
墓志
唐故相权公墓碑
宋陇城令赠太常博士吕公墓志铭
明故通议大夫刑部左侍郎张君墓志铭
散文
与张用昭
重修平山书院记
秦安县三义学记（节选）
敦复堂序
重修杨氏家谱序
严亭序
楹联
女娲祠楹联
西番寺楹联
关帝庙楹联

大事纪略

1928 年陇城遭遇百年不遇旱灾
1929 年吉鸿昌部陇城剿匪
1932 年陇城镇霍乱大流行
中共地下组织在陇城的活动
1949 年彭德怀率军过陇城
1958 年大地湾考古
2008 年陇城入选中国历史文化名镇
2011 年女娲祭典入选国家级非物质文化遗产保护名录

附录

住房和城乡建设部、国家文物局关于公布第四批中国历史文化名镇（村）的通知

主要参考文献

编纂始末

高家堡镇志

厚土高天高家堡　玉魂石魄石峁城

基本镇情

建置沿革

历史沿革

行政区划

区位交通

区位

交通

自然环境

地质地貌

矿产资源

河流湿地

气候物候

村庄人口

村庄

人口

镇域经济

农业

工商业

社会事业

学校教育

医疗卫生

群众文化

戏曲演出

影视广播

居民生活

生活收支

社会保障

精准扶贫

石峁遗址

史前石城

皇城台

内城

外城
出土器物
玉器
陶器
骨器
铜器
壁画
石人像
考古历程
方志记载
考古调查
考古发掘
学术研究
媒体报道
保护管理
保护立法
保护规划
管理机构

陕北名堡

堡城风貌
总体格局
城墙城门
南门广场
街巷
中兴楼
都司署
校场殿
牌坊碑庐
人民公社礼堂
民居院落
民居特点
典型院落
寺庙殿宇
城隍庙
财神庙
西门寺
祖师庙
地藏庵
三官楼
魁星楼
南门寺
白衣殿
兴武山庙群
东山坡庙群
叠翠山庙群
二里半洞庙
龙泉寺庙群
虎峪龙王庙
佛洞石窟
千佛洞石窟
万佛洞石窟
伏智寺石窟
阳皇寺石窟
永兴寺石窟
界石堡石窟
龙沟塔石窟

柳巷石窟
石沟石窟
清安寺石窟
七里庙石窟

边堡军事

长城遗迹
战国时期秦长城
明代长城
历代驻军
明代驻军
清代驻军
国民党驻军
人民武装
战事纪略
明代战事
清代战事
民国战事

旅游开发

规划建设
总体规划
保护规划
建设项目
古城八景
兴武横云
幽陵积雪
石洞风清
巉岩烟淡
平沙落雁
尾水浮鱼
南堤春柳
西峪秋葭
景点线路
明清古镇一日游
“平凡的世界”怀旧游
秃尾河湿地风光游
徒步长城考察游
石峁遗址研学游
节庆活动
地方特色美食大赛
“陕北榆林过大年”活动
民歌酒曲赛
旅游服务
旅游机构
服务设施
智慧旅游

风物民俗

美食小吃
炖羊肉
羊杂碎
卤肉
烩酸菜
粉皮

月饼
炸油糕
浑酒
土特名产
挂面
红葱
小米
白菜
地毯
柳编
集市庙会
集市
庙会
风俗礼仪
农耕习俗
生活习俗
婚嫁礼仪
岁时节俗
民间艺术
唢呐
说书
秧歌
酒曲
剪纸
方言土语

名人与名镇

乡邦精英
牛秉忠
韩士恭
刘培英
裴宜丞
韩寿萱
杭逢源
红色英杰
史仙舟
刘文蔚
王治岐
张秀山
张江全
李登瀛
烈士名录
名人与高家堡
陈镒创修高家堡
余子俊展修高家堡
涂宗濬砖包高家堡
康熙驻跸高家堡
左宗棠遣将攻克收复高家堡
克拉普徒步高家堡长城
傅全有重访战地
威廉·林赛与高家堡的情缘

艺文选萃

诗词
无题（二首）
高家堡阅武（二首）

万佛洞
青阳岔
涉秃尾河至高家堡
过高家堡（二首）
乱后吟
兴武山
归隐
叠翠山
叠翠山（七律）
咏山七绝（三首）
故园重阳抒怀
石峁
高家堡口占
石峁遗址观后
石峁歌
高家堡歌
丙申夏日归乔岔滩偶书
忆少年
渔家傲·石峁探古
秋天的一枚骨针
故乡是一片月光
散文
募建毒尾河桥引
神木有石峁（节录）
在神木（节录）
高家堡女子
秃尾河畔（节录）
碑刻
弥川寨崖窑石刻
新修龙泉寺记
重修显教之碑记
明故将仕郎李公墓志铭
明诰封骠骑将军都督佥事素庵牛公神道碑铭
高家堡龙泉寺碑记
创修魁星阁碑序
重修兴武山戏楼碑记
著述题录

大事纪略

神木官碱局创办始末
高家堡小学的百年变迁
解放前的中共高家堡基层组织
国民党葭县政府驻乔岔滩
三盛长碱坊的兴衰
1948 年毛泽东向全军作出批示
1949 年神府县治迁移至高家堡
1951 年老解放区访问团到高家堡
1956 年榆神公路开通
1982 年柳巷村发现汉画像石墓
1987 年发现桑树塔仰韶文化遗址
锦界工业园区的开发建设
乡镇合并
2011 年电视剧《温州一家人》在高家堡拍摄
2014 年高家堡被评为“中国历史文化名镇”

主要参考文献

编纂始末

芙蓉镇志

坐落在瀑布上的千年古镇

基本镇情

建置区划

地名由来

建置沿革

辖区变迁

村庄社区

社区

行政村

自然地理

地理位置

地质地貌

河流

山脉

气候

物候

自然资源

人口　民族　姓氏

人口总量

源流迁徙

民族

姓氏

镇域经济

发展概况

园区经济

旅游商贸

种植业

畜牧业

渔业

劳务经济

社会发展

教育

文化

医疗

居民收入

居民消费

居住方式

社会保障

基础设施

公路

桥梁

水路交通

水利

邮政

通信

市场

镇村建设

镇域建设

供水

供电

环境卫生

古镇风貌

港口码头

酉水良港

渡口

码头

古道古桥

古道

古桥

古镇街道

河铺子

殿门口

杨家坪

三拱桥

倒街台

祠堂坪

凉水井

公馆坪

衙门口

半边街

黄土包

双桥口

松柏树

五里牌

太平桥

特色建筑

土房茅舍

吊脚楼

贞节牌坊

兵谷仓

封火墙

老柜台

四合井

殿阁庵堂

观音阁

祖师殿

文昌阁

青龙阁

天主堂

福音堂

五谷庙

回龙庵

传统村落

列夕村

芷州村

兰花洞村

科皮村

古树名木

朴树

栲树

黄连木

贵州石楠

古遗址

九龙蹬遗址

巡检司衙门旧址

高粱坪、王村战斗遗址

古墓群

王村汉墓群

列夕董柳蠪墓

古镇保护

保护规划

总体规划

专项规划

保护措施

古建筑保护

古建筑风格保护

街巷保护

民居保护

文化遗产保护

重点文物保护

遗址遗迹保护

自然景观保护

自然村落保护

旅游开发

旅游景点

王村八景

列夕四景

芙蓉镇古城门楼

“楚蜀通津”崖刻

土司广场

摆手堂

土王祠

铜柱公园

土王桥

土王行宫

翼南广场

悬崖栈道

五里石板街

酉水画廊

猴儿跳

小龙洞

大龙洞

龙洞

虎洞

三仙洞

观音洞
鸳鸯洞
金蟾洞
八音石瓜洞
神仙洞
旅游项目
古镇古街游
古镇平湖游
《芙蓉小戏》实景演出
《土王出巡》实景演出
芙蓉镇水上夜景游
旅游服务
宾馆酒店
民宿客栈
餐饮饭馆
旅游交通
客服中心
旅游开发纪实

乡土文化

农耕文化
砍火畲
踩田
男耕女织
渔樵耕读
稻鱼共生
土司文化
溪州铜柱
土知州城堡
土知州衙署
土司官庄
码头文化
抬脚
纤夫
酒船
船工号子
附：船工号子词（节选）
王保照料段
江西会馆
商号
票号
伙铺
同善社
崇文重教
义学
私塾
重教
尊师
家教授业
心传口授
家庭教育
师徒传承

风土民情

民族服饰
儿童服饰

女性服饰
男性服饰
饮食习俗
迎客食俗
敬神食俗
饮食禁忌
民间器具
滴水牙床
家具
油坊
水磨　水碾
旱碾
石磨
碓马
风车
犁　耙
柴架子
刀壳子
背水桶
篼壕
泥鳅壕
斗篷
蓑衣
马鞭子烟袋
刺杆子烟袋
起屋习俗
开工酒
偷梁木
画梁
上梁
讲梁
抢梁粑粑
装大门
圆工酒
婚嫁习俗
请媒人讲
送开口礼
认亲
取八字
拜年
报日子
哭嫁
过礼
迎嫁奁
接亲
拦门
搬帐子
哥哥背
抢过门槛
拜堂
入洞房
筛蛋茶
三朝回门
生育习俗
有喜
接生
踩生
报喜

十朝
坐月
满月
百日
抓周
求嗣
寄拜
丧葬习俗
接气
报丧
洗澡穿衣
入木
灵堂设置
选择墓地
看日子
闭殓
做十王
吃火把酒
烧包袱
散花解结
哭丧
唱孝歌
出柩
送葬
下井安葬
立碑
扶三
回煞
挂社
渔猎习俗
施梁片
拖茅网
端筛
扎把子
闷鱼
封山
赶肉
开山
岁时节庆
春节
元宵节
三月三
清明节
四月八
端午节
六月六
月半
中秋节
重阳节
打扬尘
做豆腐
打年粑
过小年
土家年
过大年
竞技游戏
赛龙舟
拔河

斗鸡
斗画眉
打三棋
踩高脚
荡秋千
抓子
跳房
踢毽子
抽陀螺
民间疗法
打火罐
刮痧
翻皮子
治蛇咬
信仰禁忌
崇拜
禁忌
方言土语
土家语
方言
谚语
歇后语

民间文艺

民间演唱
敲花鼓
打渔鼓
九子鞭
干龙船
讲古
上刀梯
下火海
抬故事
民间戏剧
汉戏
芙蓉镇高腔
阳戏
傩戏
土家器乐
打溜子
咚咚喹
吹牛角
吹木叶
吹树皮号
土家歌舞
土家族挖土锣鼓歌
土家族迎客歌
附：土家族迎客歌（节选）
土家敬酒歌
附：土家敬酒歌（节选）
《梯玛神歌》
山歌
附：山歌词（节选）
哭嫁歌
哭丧歌
摆手舞
毛古斯舞

铜铃舞
地花灯
蚌壳灯
彩龙船
龙灯
狮子灯
民间工艺
土家织锦
挑花
绣花
竹编
藤编
棕编
草编
民间工匠
木匠
铁匠
篾匠
石匠
机匠
弹匠
染匠
瓦匠
漆匠
皮匠
劁猪匠
剃头匠
雕匠
铧口匠
蓑衣匠
裁缝
民俗表演
舍巴节
附：中国（湘西）土家族舍巴节纪实
山歌擂台赛
年俗表演
文化主题馆藏
湘西民俗风光馆
芙蓉镇电影海报馆
湘西红色文化主题馆

艺文杂记

民间传说
双溶洲的传说
向老官人
田好汉
科洞毛人
鲁力嘎巴
西兰卡普的故事
“咚咚喹”的传说
凉水井传说
金鸭井的传说
王村米豆腐的传说
站将军和卧将军
八部大神
碑序
溪州铜柱铭文（选录）

荷花池禁示碑
土知州城堡碑文
楹联
凉水井联
贞节牌坊联
摆手堂联
土王桥联
听涛山庄联
半边街联
土王祠联
土王行宫联
芙蓉镇大门联
芙蓉苑联
王村河码头城门联
酉水画廊联
诗文
明清铜柱诗
溪州铜柱二首
王村
王村镇的银匠
一个人的湘西辞典之芙蓉镇
王村一夜
芙蓉镇里新风光
再识芙蓉镇
王村散记
歌　赋　画
挂在瀑布上的千年古镇
王村赋
“2017 写意潇湘”芙蓉镇画作
徐鹏友作画芙蓉古镇
吴天芙蓉镇钢笔画

美食特产

土家主食
甑子饭
鼎罐饭
灶锅饭
竹筒饭
社饭
特色菜肴
牛头宴
土家腊肉
辣子鸡
太极头
泥鳅钻豆腐
清炖黄颡鱼
红烧桂花鱼
“天下第一螺”
酸菜
酸肉
酸鱼
水酸菜
酸辣子
苞谷酸
大头酸
萝卜酸
茄子酸

胡葱酸
豇豆酸
豆腐
列夕水豆腐
王村炕豆腐
霉豆腐
渣豆酱
苞谷豆腐
米豆腐
野菜
地木耳
鸭脚板
野芹菜
插篱笆叶
地米菜
胡葱
香椿
折耳根
木姜子
野果
樱桃
山莓
茅莓
老山莓
胡颓子
茶泡
茶片
南五味子
金樱子
刺梨
三叶木通
野生猕猴桃
地枇杷
枳椇
野葡萄
野柿子
野山楂
野百合
野味
油炸蜂蛹
油炸熊蝉
油炸椿象
特色小吃
烧烤类
油炸类
蒸煮类
土特产品
茶油
蜂蜜
甜酒
麸子酒
灯笼果酒
竹筒酒
酉水干鱼
枞菌
冻菌
牛肝菌
茶树菇

板栗
椪柑
姜糖

名人与名镇

人物传略
彭瑊
彭士愗
彭福石宠
彭翼南
雷震春
董雨麓
杨云川
彭占先
吕伯坚
彭善思
黄文渊
黄文源
黄文润
人物表录
名人与芙蓉镇
《芙蓉镇》作者——古华
《芙蓉镇》导演——谢晋
芙蓉镇名誉镇长——刘晓庆
《芙蓉镇》男主角——姜文
刘年笔下的芙蓉镇

大事纪略

西汉高祖五年（前 202）王村设置酉阳县治所
1935 年红二、红六军团高粱坪、王村之战
1953 年王村水电站建成发电
王村公路通车
1960 年王村发掘西汉古墓葬
1985 年王村实施猛洞河旅游开发
1986 年电影《芙蓉镇》在王村拍摄
芙蓉镇（王村）建立影视拍摄景地
2007 年王村镇更名为芙蓉镇
2008 年芙蓉镇获评中国历史文化名镇

主要参考文献

编纂始末

里耶镇志

秦简故里　土家古镇

基本镇情

建置区划

地名由来

建置沿革

辖区变迁

社区　建制村

社区

建制村

区位　交通

地理位置

水上交通

陆路交通

自然地理

地质地貌

山脉、河流

气候、物候

土壤、植被

生物资源

人口　民族

人口总量

人口源流

民族构成

经济发展

农业

商贸

旅游业

扶贫

基础建设

供电

供水

邮政

通信

街区路网

防洪大堤

环境保护
社会事业
教育
文化
医疗卫生
居民生活
收入、支出
社会保障

文化遗址

遗址遗存
里耶盆地旧石器时期文化遗址
溪口新石器文化遗址
刘家堡商周文化遗址
里耶战国秦汉古城遗址
大板遗址
古墓葬
古建筑
古镇码头文化遗存
出土文物
石器
铜器
铁器
陶器
滑石璧
琉璃器
玉器
木器
漆木器
秦半两钱

里耶秦简

秦简发掘
发掘背景
地理环境
代表文物
“九九表”简
“秦历日”简
“祀先农”简
封泥
笥牌
封泥匣
秦简文书
官吏考核文书
监察文书
邮人任命简
公文封缄文书
“迁陵以邮行洞庭”简
公文传递文书
公文收发文书
通关文牒
人口管理文书
农业生产文书
征收户赋文书
饮食记录文书
官营作坊文书

物资管理文书
军需配送文书
查案办案文书
刑徒管理文书
秦简文字
文字种类
文字特点
中华第一井
发掘经过
地层堆积
简牍形制

里耶古镇

西水河
古纤道
乌篷船
码头
渡口
上水帮
短水帮
长水帮
陡滩
白泡子滩
蜂子滩
天平滩
新寨潭
鲁碧潭
柳坪
里耶酉水奇石
古街
中孚街
河街
辟疆街
万寿街
埠坪街
四川街
夹街
贾市老街
古巷
舒家巷
朱家巷
洋屋巷
姜家巷
保险巷
景丰巷
罗家巷
李同发巷
刘家巷
无名巷
商号　宅院
里耶商会会馆
瞿家大院
李同发庄园
唐福记
长九间
协昌和桐油庄
葛元记药铺

太心公号
同仁祥酱铺
陈永泰杂货铺
大兴荣号
复春恒商号
胡家大院
彭家大院
郑家大院
周家文堂
周家大院
黄家大院
特色建筑
转角楼
窨子屋
岩石朝门
铺台、货柜
马头墙
土家族摆手堂
着落湖大摆手堂
柳坪大摆手堂
绿园广场大摆手堂
寺庙宫庵
婆婆庙
土王祀
文昌阁
鸭绿庵
万寿宫
关帝宫
水府庙
清平寺
龙吟寺
观音寺
三仙寺
青云山寺
麦子坪庙
传统村落
长春村
街上村
巴沙村
兔吐村
双坪村
古镇保护与开发
保护规划
规划实施
基础配套

民间艺术

民间歌舞
土家族梯玛歌
湘西土家族毛古斯舞
土家族摆手舞
土家族打溜子
土家族咚咚喹
土家族山歌
土家族跳丧舞
摇钱舞
土家族八宝铜铃舞

桐花谣
附 1:《桐花谣》选录
《毕兹卡神韵》
地方曲艺
里耶汉剧
里耶道情
里耶灯儿戏
里耶花灯
打围鼓
船工号子
附 2：船工号子（节选）
轿夫报靠号子
附 3：轿夫报靠号子（节选）
榨油号子
附 4：榨油号子选录
《大秦邮人》实景剧
民间技艺
工匠
土家族织锦
藤编
草编
棕编
石刻
印刷
蓝染
印花
手绣
木雕
裁缝
酿酒
民间游艺
正月烧龙
扒龙船
打飞棒
打陀螺
抵杠
高脚马
牵羊肠
摔跤
踢毽子
武术
裤裆棋
打三棋
五子飞

风土民情

农耕习俗
劳动习俗
传统农具
耕作方式
生活习俗
服饰
居住
立屋
新居贺喜
穴居
生育

婚俗
丧俗
岁时节庆
土家年
元宵节
二月二
社日
四月八
端午节
六月六
七月半
中秋节
乡土菜肴
小米粉蒸肉
腊肉炖黄鳝
酉水河水煮活鱼
板栗炖土鸡
枞菌腊肉
竹笋腊肉
肉圆粉丝汤
油炸托面
腌菜扣肉
酸菜黄雀
火烧蜂蛹
红椒棒棒
特色小吃
团馓
米豆腐
油粑粑
苞谷粑
荞粑粑
草粑粑
马打滚
泡粑
蕨粑、葛粑
渣海椒
担担面
勾勾面
土家米叶子
土家语
语音特点
语序
词汇变异
称谓用语
民间信仰
八部大神信仰
梯玛信仰
日常禁忌
生活禁忌
语言禁忌

古镇旅游

旅游景点
里耶考古遗址公园
里耶秦简博物馆
里耶明清古街
里耶民国后街

贾市古码头
巴沙传统村落
八面山景区
酉水河观光带
里耶脐橙基地
贾市温泉
旅游线路
旅游主线
古镇古街游
八面山游
酉水河水上游
传统村落一日游
旅游服务
旅游接待
旅游交通

艺文杂记

散文
去看八面山
里耶 · 神秘凝重的湘西文化符号
乘法口诀的“前世今生”
诗词
登鸭绿山
七律二首 · 里耶即景
柳坪晚眺
酉水之恋（节选）
沁园春 · 里耶（组词）
书画　楹联
书法
绘画
楹联
传说故事
何老司斗棒棒龙
干鱼庙
公婆树

名人与名镇

人物传略
瞿之璋
瞿方梅
胡锦春
瞿方书
张名艺
胡锦心
唐晏如
李瑞林
彭清文
彭善金
彭贤杰
胡楚卿
宿通权
名人与里耶
石达开与里耶
刘进士修建“义渡码头”
沈从文与里耶
黄摩崖以里耶秦简为背景创作《头颅中国》

大事纪略

1938 年里耶建立抗日烈士纪念碑
1950 年里耶八面山剿匪
1997 年里耶酉水大桥建成通车
2002 年惊世考古大发现——里耶秦简出土
2005 年里耶古城专题纪录片《迷城》由中央电视台播出
2005 年里耶入选第二批中国历史文化名镇
2005 年首届全国滑翔伞锦标赛在里耶镇举行
2007 年里耶古城·秦简与秦文化国际学术研讨会在里耶镇召开
2007 年首届秦文化之旅活动在里耶举行
2012 年《里耶秦简》特种邮票在里耶举行首发式

附录

国务院关于增补里耶古城遗址为第五批全国重点文物保护单位的通知
湘西土家族苗族自治州里耶历史文化名镇保护条例
里耶古城景区旅游开发模式

主要参考文献

编纂始末

木渎镇志

姑苏繁华地　吴中第一镇

基本镇情

区位　交通

区位

交通

建置　区划

建置

区划

村（社区）居委会

行政村（社区）

居民委员会

自然环境

山丘

河湖

气候

矿藏

人口　民族　姓氏

人口总量

人口结构

外来人口

民族

姓氏

集镇建设

木渎

善人桥

石码头

官桥

西跨塘

金山浜

镇域经济

农业

工业

商业

采石业

羊肉业

刺绣业
花木业
山陵业
社会事业
教育
文化
体育
卫生
居民生活
居民收入
居民消费
社会保障

吴中第一名山——穹窿山

国家森林公园
大茅峰
二茅峰
三茅峰
茅蓬坞
宁邦坞
紫楠林
樱花林
景点胜迹
孙武苑
孙武文化园
朱买臣读书台
望湖园
望湖亭
乾隆御道
百丈泉
双膝泉
鹤来泉
小王山
万鸟园
上真观
山门殿
丹墀
祖师殿
三茅殿
三清阁
三义洞天
品泉
宁邦寺
山门殿
财神殿
念佛堂
海云禅洞
大雄宝殿
海云精舍
山中逸事
张良穹窿山随从赤松子
姚广孝穹窿山当和尚
建文帝归隐皇驾庵
施亮生振兴上真观
李根源结庐小王山

园林古镇

羡园

怡宾厅

尚贤堂

明是楼

见山楼（眺农楼）

西备弄

四季花园

后花园

虹饮山房

中园

秀野园

小隐园

古松园

古松堂

凤凰楼

东厢房

花园

北园

榜眼府第

显志堂

芙蓉楼

西厢房

花园

园林掌故

张廷杰天池花山筑“就隐”

赵宧光寒山构别业

范允临天平修山庄

叶燮横山建草堂

汪琬尧峰筑山庄

毕沅建灵岩山馆

古镇保护

规划与控制

规划

控制

古典园林保护修复

羡园修复

虹饮山房修复

古松园修复

榜眼府第修复

古街桥宅保护修缮

山塘街保护修缮

下塘街保护修缮

南街保护修缮

西街保护修缮

中市街保护修缮

下沙塘保护修缮

东街保护修缮

文物及遗址保护修复

天池山石屋、石佛修复

小王山及其摩崖石刻修复

韩世忠墓园修复

“两山一镇”环境整治

木渎春秋古城遗址保护

旅游

木渎古镇景区

山塘街

明月寺

永安桥

西津桥

斜桥

灵岩山景区

奇形怪石

道中三亭

山顶花园

山道景观

灵岩山寺

天平山景区

山麓建筑及景观

奇峰异石

泉池塘井

红枫古树

天池山景区

天池山

奇峰异石

天池古泉

寂鉴寺

白象湾

贺九岭

旅游节庆与品牌

木渎旅游节

穹窿山旅游节

港澳青少年游学基地

旅游线路与服务

旅游线路

旅游服务

经济强镇

工商业

企业选介

房地产业

住宅小区选介

文旅产业

文旅集团

开发区

木渎经济开发区

金桥开发区

商城　市场

大型商城

专业市场

藏书羊肉

起源及发展

饲养与食俗

方式与规模

特色及技艺

藏书羊肉特点

技艺与流程

烹煮工具
特色菜肴
白烧羊肉
红烧羊肉
羊糕
全羊宴
羊肉产业
藏书山羊交易市场
藏书羊肉美食街
藏书羊肉名店
羊文化
藏书羊肉美食文化旅游节

非物质文化遗产

金山石雕技艺
石雕制作及产品
石雕技艺
著名工程
名匠及传承人
澄泥石刻与蠖村砚制作技艺
开采及制作
工艺与作品
名家及传承人
石家鲃肺汤制作技艺
鲃鱼特点
技艺与流程
美食品味
谱系及传承人
乾生元枣泥麻饼制作技艺
原料与特色
技艺与流程
谱系及传承人
木渎十番表演技艺
十番锣鼓
十番吹打
谱系及传承人
吴氏疔疮诊治技术
创立与传承
方法和步骤
谱系及传承人
穹窿山上真观庙会仪式
日期与区域
斋醮仪式
斋醮仪式器具及用品
谱系及传承人
穹窿山乌米饭制作技艺
习俗由来
食材与功效
方法与步骤
传承人
苏绣盘金绣技法
刺绣流程
工具与针法
品种与特色
名家及传承人
苏州碑刻技艺
碑刻种类

材料及工具

技艺流程

代表作品

谱系及传承人

风土民情

特产美食

梅花糕　海棠糕

腌金花菜

粽子糖

灵岩素斋面

岁时节令

春节

元宵节

清明节

立夏

端午节

中秋节

重阳节

看红枫

冬至

腊八节

除夕

生活习俗

服饰

发式

食俗

造房

婚俗

生育

丧俗

庙会

五峰山庙会

猛将会

名人与名镇

人物传略

朱买臣

陆玩

徐林

徐兢

袁遇昌

朱碧山

杨基

殷乾

黄习远

徐如珂

智旭

沈祚昌

张宗苍

周孝垻

沈钦韩

顾德华

张郁文

袁培基

沈寿

严良灿
顾允若
赵子康
柳支英
王为一
陈翰伯

名人与木渎

白居易题诗白云泉
钱元璙归葬横山潜龙坞
范仲淹迁葬祖坟天平山
韩世忠情缘灵岩山
马之骏捐资赎灵岩山禁采石
文震孟读书竺坞
弘储重振灵岩山寺
沈德潜木渎苦读中进士
印光灵岩山寺创净土道场
陈去病禁止天平山采石
于右任题诗石家鲃肺汤
邓拓灵岩山寺作画吟诗
费孝通关注木渎小城镇建设

艺文著述

诗歌选粹

登琴台
苏台览古
游灵岩寺
题灵岩寺
馆娃宫怀古
吴宫怀古
白云泉
穹窿山
晚登木渎小楼
题白云寺
雨中过山
穹窿山诗
天平山
金山
题贺九寺
西施洞
怀灵岩
穹窿山望湖亭望湖
读书台怀古
穹窿禅寺
松海歌

文章选粹

登姑苏台赋
穹窿山寺记
游灵岩天平山记
游天平山记
天池
二茅峰记
吴山十二图记（节选）
游姑苏台记
天平山看枫叶记
遂初园记
登灵岩山琴台记
吴丞相顾雍祖孙墓记

羡园记
民间故事
痴汉等老婆
烂柯山与姚木碗
万笏朝天
莲花峰的传说
白鹤顶的传说
善人桥的来历
“再来人”的故事
木渎巡检司吃粮不管事
刘墉与晚照轩茶馆
著述文献
著作目录
地方文献

大事纪略

吴王建造姑苏台、馆娃宫
穹窿山麓修筑水利工程
康熙皇帝两次到木渎
乾隆南巡六次到木渎
冯桂芬木渎开局修府志
30 年代善人桥设立农村改进试验区
淞沪抗日英烈归葬马冈山
1949 年中国人民解放军第三野战军政治部设在木渎
1977 年木渎石匠参与北京毛主席纪念堂石料工程
2001 年江苏首家（金星）村股份合作社成立
藏书镇的设立与撤销
2009 年木渎春秋古城遗址考古发现
2014 年木渎被列为“强镇扩权”改革试点单位
2016 年设立穹窿山（藏书）风景管理区

主要参考文献

编纂始末

锦溪镇志

水乡天堂　灵秀锦溪

基本镇情

建置区划

建置沿革

行政区划

区位　交通

区位

交通

自然环境

土壤

地貌

水系

气候

人口　民族

人口规模

人口变动

民族构成

姓氏构成

经济发展

综合实力

农业

工业

服务业

城镇建设

道路交通

供水供电

供气

社会民生

文化教育

医疗卫生

居民生活

社会保障

行政服务

行政村　社区

虬泽村

盛塘村

马援庄村

红霞村
计家墩村
张家库村
阮家浜村
北管泾村
孟子浜村
联湖村
周家浜村
顾家浜村
朱浜村
三联村
卫星村
狭港村
南前村
陆泾村
袁甸村
长云村
上下塘社区
干家甸社区
锦溪花园社区

生态水乡

湖泊
淀山湖
澄湖
白莲湖
矾清湖
长白荡
明卿荡
五保湖
阮白荡
棋盘荡
杨树淀
汪洋荡
葛墓潭
其他湖泊
河流
长牵路港
邵甸港
陈墓港
郎浦港
明镜荡国家水利风景区
环湖生态廊道
湿地
五保湖湿地公园
东方荡生态乐园
白莲湖郊野公园
古村落
虬泽自然村
盛塘自然村
马援庄自然村
红霞自然村
张家厍自然村
葛墓自然村
祝甸自然村
金村自然村
宅前自然村

褚家浜自然村

万亩生态良田

现代生态农业园

长云农场

昆山欧耕尼克有机农场

万亩生态水面

生态放养

鱼种繁育

鱼病防治

古镇风貌

古镇格局

古镇水道

中心市河

南塘港

道院港

锦溪港

菱荡湾

古莲池

王家浜

北王家浜

古桥梁

天水桥

丽泽桥

溥济桥

太平桥

普庆桥

里和桥

具庆桥

众安桥

圣福桥

黄公桥

周公桥

隆福桥

青龙桥

中和桥

朝阳桥

十眼桥

古街巷

天水街

锦溪街

三贤街

上塘街

下塘街

南大街

菉荇街

三图街

长埭廊

文物古迹

大东古文化遗址

古内河水道

通神道院

陈妃水冢

文昌阁

莲池禅院

古巡检司

祝甸古窑群遗址

资福庵

武帝庙

古区公所

杨宅

王宅

锦溪古八景

“陈墓八景”

“莲池八景”

古镇保护

保护规划

总体规划

名镇保护规划

配套规划

保护修缮

古迹遗址修缮

古桥维修与保养

古河道保养与维修

古街巷修复

古民居修缮

古镇风貌整治

保护制度

《锦溪古镇保护与管理暂行办法》

《古镇保护市民公约》

旅游开发

景区景点

古镇历史文化游览区

祝甸窑文化游览区

淀山湖旅游度假区

现代生态农业体验区

旅游线路

寻幽访古人文游

健心水疗生态游

欢乐水乡亲子游

博物馆里考察游

锦绣前程精彩游

特色田园乡村游

旅游服务与设施

服务机构

售票服务

导游服务

游船服务

旅游交通

酒店、住宿、购物

旅游文化节

锦溪镇民间民俗文化艺术节

锦溪旅游文化节

锦溪镇金秋经贸招商专场暨旅游文化节

昆山锦溪中美滑水明星对抗赛

“锦溪杯”全国新人新作影像大展

中国锦溪博客邀请赛

江浙沪宣卷演唱交流会

2012 年春节民俗活动

锦溪鲃鱼节

锦溪博物馆节

中国锦溪国际水上摩托大奖赛

锦溪古镇千纸鹤季

锦溪水乡古镇祈福庙会

锦溪 2015 羊年春节活动

锦溪泡泡节

锦溪莲池禅院崇文祈愿典礼活动

民间博物馆之乡

中国古砖瓦博物馆

红烧土

铜雀台瓦当

西汉墓室砖

金砖

古董馆

木雕

水盂陈列室

天然漆及木器

中国收藏艺术展览馆

明清家具

青铜器

瓷器

中国陶都紫砂博物馆

古今名壶

现代名人精品

金石人家篆刻艺术馆

筛竹轩

翰墨楼

味石斋

思悟堂

马若特泥禅坊

北派泥塑

南派泥塑

柿园书画艺术馆

陆曙轮书画

陆家衡书画

张省美术馆

个人作品

馆藏作品

中国锦溪宣卷艺术馆

馆藏卷本

表演戏台

锦溪镇杰出人物馆

杰出人物展厅

陈三才烈士纪念馆

“锦溪宣卷”

传承发展

历史起源

发展演变

传承人

艺术特色

内容及分类

表演形式

活动演出

江浙沪宣卷演唱交流会

民间演出

风土民情

传统服饰

发饰

包头

大襟衫

布裙

襴腰

裤子

肚兜

绣花鞋

传统节日

岁时节日

民俗节日

民间手工艺

古砖瓦制作技艺

水乡木船制作技艺

纺织

小手工业

传统习俗

生养习俗

生活习俗

婚礼习俗

丧礼习俗

民俗活动

舞龙

舞狮

摇快船

挑花篮

荡湖船

打莲湘

划龙船

方言俗语

方言

谚语

歇后语

锦溪山歌

山歌类型

土特产

锦溪大米

澄湖茭白

袁甸慈姑

陈墓芋艿

蟹、鲃、鳗

特色美食

传统糕点

特色菜肴

时令小吃

名人与名镇

人物传略

顾华甫

陆完

陆允中

陆世鎏

陆世钥

盛符升
陈景琇
彭龙光
陈渭士
朱文焯
朱文鑫
朱文熊
陈定谟
陈其鹿
陈子彝
丁人鲲
陈定秀
陈华庚
陈三才
陈钧
陆钰
朱雷章
陈文鹭
沈以行
陈华癸
彭师章
顾文华
金瑞仙
丁维栋
陈华熏
沈家范
陈中孚
院士与将军
秦国刚
黄建伟
吴建初
名人与锦溪
陆龟蒙锦溪垂青史
韩蕲王锦溪练水师
高启陈墓咏“八景”
文徵明陈墓聚师友
海瑞陈墓救书生
吴伟业陈墓避乱
王韬启蒙在锦溪
沈从文客居陈墓
陈逸飞陈墓画桥
教授、留学生之乡
教授
留学生

艺文

诗歌
问吴宫辞
谒陆鲁望先生祠即事
陈墓八景
淀山湖
陈墓八景
溪上题友人园居
陈墓八景
为小江陆君题号兼寓寿
过陈墓谒陆鲁望先生祠
锦溪桥

甲申自述
矾清湖并序
赠别莲池讲师睿公用扇头韵
莲池八景
渡范迁湖
“锦溪宣卷”唱本选段
天堂哪有人间好
锦溪山歌
耘稻歌
东南风吹来浪头高
栀子花开来心里青
山歌越唱越好听
天上乌云薄薄行
花鸟鱼带古人（盘歌）
散文
古代散文
当代散文
著作篇目选录
明清时期
民国时期
新中国成立后
楹联
莲池禅院崇善堂中间对联
莲池禅院漱霞所朝外对联
莲池禅院鸳鸯厅后面对联
菱荡湾石埂牌坊对联
虬泽武帝庙大殿前后柱联
文昌路北首入口牌坊对联
陈妃水冢牌坊对联

大事纪略

陆辑安及其后代护藏《天下郡国利病书》
1938 年马援庄惨案
2000 年古镇旅游售出第一张门票
2003 年举行纪念天文学家朱文鑫 120 周年诞辰暨中国天文学术研讨会
2012 年锦溪古镇入选《中国世界文化遗产预备名单》

附录

吴梅村矾清湖诗考
清光绪三十二年（1906）版《江苏新字母》自序
追怀朱贡三先生
记陈三才
《陈华癸先生诞辰 100 周年纪念文集》序

主要参考文献

编纂始末

安仁镇志

韵味悠长话安仁

安仁镇情

建置　区划

镇名由来

建置沿革

行政区划

村（社区）简介

区位　交通

自然地理区位

交通地理区位

自然环境

地质

地貌

气候

降水

水系

土壤

野生动物资源

野生植物资源

人口　姓氏

人口总量

民族构成

姓氏分布

附：明清时期的安仁镇人口迁徙

经济社会发展

经济建设

城镇建设

教育　卫生

民生保障

古镇风貌

古镇格局

古镇位置

古镇布局

节点空间
民国街区
古村分布
民安村
金光村
齐埝村
革新村
三河村
陈河村
历史建筑
罗汉寺
毗卢寺
铁佛寺
黄瓜寺
藏经楼
城隍庙
东岳庙
关帝庙
报本祠
刘氏宗祠
清官亭
陈家桅杆
万成堰纪念碑
附：万成堰纪念碑序
完成土改农民大翻身纪念碑
利川桥
维公桥
万年戏台
骑街戏台
星廷戏院
刘氏私塾族馆
安仁中学
安仁镇公园
同庆茶楼

中国博物馆小镇

刘氏庄园博物馆
刘氏祖居复原陈列
刘文彩公馆复原陈列
庄园文物珍品馆
泥塑《收租院》
刘文辉旧居陈列馆
建川博物馆聚落
博物馆广场
中流砥柱馆
正面战场馆
川军抗战馆
附：川军抗战馆“死”字旗飞虎奇兵馆
附：飞虎奇兵馆《飞虎图》的由来
不屈战俘馆
日本侵华罪行馆
红色年代瓷器陈列馆
红色年代生活用品馆
红色年代章钟印陈列馆
红色年代镜面馆
知青生活馆
中航工业航空三线博物馆

红军长征在四川纪念馆
老公馆家具馆
附：清末红木嵌黄杨架子床
三寸金莲博物馆
国防兵器馆
长江漂流纪念馆
中医文物馆
5 · 12 抗震救灾纪念馆
汶川大地震博物馆
地震美术作品馆
其他博物馆
安仁电影博物馆
魏明伦文学馆
成都共品钱币博物馆
安仁民艺传习馆

民国公馆群

全国重点文物保护单位
刘氏祖居
刘文渊公馆
刘文彩公馆
刘文成公馆
刘文昭公馆
刘文辉公馆
四川省文物保护单位
刘湘公馆
刘元瑄公馆
其他民国公馆
郑晓康公馆
李育滋公馆
刘树成公馆
刘体仁公馆
廖玉廷公馆
廖维公馆
张旭初公馆
乐述言公馆
乐自能公馆
李万华公馆
郑炳章公馆
陈月生公馆
刘元琥公馆
杨孟高公馆
高明轩公馆
刘元汤公馆
刘体中公馆
郑子权公馆
刘元瑞公馆
刘元珽公馆
刘季珍洋楼
杨保民公馆
余述阶公馆
杨开玺公馆
部分损毁公馆

古镇保护

安仁镇规划

总体规划
保护规划
专项规划
旅游规划
规划实施
街区修复整治
公馆修复整治
古桥修复
恢复重建
修建配套项目
污水处理工程

旅游开发

旧时“安仁四景”
斜江晚渡
毗卢墨签
野鸭惊沙
月映双鱼
旅游项目
民国历史街区游
民国风情体验街区游
刘氏庄园游
建川博物馆游
生态观光游
旅游线路
自驾游线路
古镇游线路
乡村游线路
旅游节庆
民间斗宝会
红色收藏交流会
穿上旗袍去安仁
安仁博物馆月
论坛
中国博物馆小镇·安仁论坛
安仁·名人讲堂
安仁古建论坛
配套服务
游客服务中心
媒体智慧服务
旅游交通
休闲设施

风土人情

生活习俗
赶场
会期
坐茶馆
生产习俗
土地租佃
水规
餐饮美食
公馆菜
特色菜
土特产
岁时节俗

春节
元宵节
端午节
中秋节
人生礼仪
满月酒
抓周
寿俗
丧葬
非物质文化遗产
唐场豆腐乳
唐场春分会
安仁川西传统婚俗
民俗活动
元宵节做“鸡婆糕”
民间狮子灯
春分会锣鼓
烧纸龙
敬雀王
清明会
打秧苗醮
唱禾戏
尝新
捕鱼
方言俗语
语音
词语
谚语
歇后语
买卖行话

名人与名镇

人物传略
计有功
李吉人
刘升廷
安敬堂
张成孝
刘湘
刘文辉
张德盛
谢南轩
李育滋
刘元瑄
冷月英
王汉卿
刘吉庭
萧汝霖
陈华钦
杨析综
王万澄
王淑琳
名人与安仁
张大千到唐场鉴赏书画
郭沫若参观大邑地主庄园陈列馆
樊建川创办建川博物馆聚落
魏明伦开设文学馆

孔令涛创办成都孔裔国际公学
人物表

艺文杂记

诗词
安仁道中早行
安仁道中二首
题文昌宫壁
《抗战七笔勾》序歌
斜江晚眺二首
文赋
李吉人先生讲学碑序
刘司令官精神不死
中国博物馆小镇——安仁镇赋
磨盘赋
掌故杂记
清末至民国的袍哥
公益协进社
丐帮
雀鸟会
毗卢寺里讲“圣谕”
估膘
军田坝·锣鼓墩
玉皇楼上一把伞
十里场桥三柏洞
王幺店子双柏树

大事纪略

1931 年修筑万成堰
刘湘资助中共建立地下电台
安仁籍川军出川抗战
1940 年民众救助失事美机与飞行员
民工修建战时桑园机场
1949 年安仁解放
1950 年平息叛乱
土地改革试点乡——安仁和唐场
2005 年移民安置
评选“感动安仁人物”

附录

刘湘为民族救亡抗战《告四川各界人士书》
刘文辉、邓锡侯、潘文华起义通电
朱德总司令复电
中国人民解放军第二野战军《安民布告》

主要参考文献

编纂始末

黄龙溪镇志

千年水码头　古镇黄龙溪

基本镇情

建置区划

建置沿革

村、社区

区位　交通

区位

交通

自然环境

地质地貌

河流

气候

自然资源

人口　姓氏　民族

人口总量

人口构成

姓氏分布

移民安置

民族融合

经济发展

经济总量

农业

工业

旅游业

社会民生

城镇建设

教育卫生

民生保障

人民生活

古镇风貌

古镇格局

因水而生

合理布局

古街巷
复兴街
新街
仿清街
上河街、下河街
黄龙正街
横街
九巷子
古民居
吊脚楼
唐家大院
古衙门
三县衙门
建筑风格
古寺庙
古龙寺
镇江寺
潮音寺
大佛寺
大悲院
古码头
水运
渡口
船只
桡业公会
力行
义渡
古堤
王爷坎
镇江王爷
古佛堰
修建始末
流程与灌面
堰务管理
古树
一树分两江
庙骑树树裹庙
千年古榕寄生辣椒
龙凤树
诸葛树
古战场
古蜀国军事据点
蜀汉南征大本营
张献忠与杨展大战黄龙溪
古崖墓
明代蜀定王墓
鸡翅拐崖墓群
金华庵崖墓
皇坟村崖墓
古镇保护
古建保护
杨家大院林盘保护
路桥建设
公用事业改造
拆迁安置
水利建设
配套建设
古树名木保护

旅游开发

上河衢田园水村

湿地田园音乐村

古院群落

滨河街“酌水茶廊”

“府河夜宴”啤酒村

景观景点

古佛洞

陈家水碾

卧龙湖

三狮拜象

蜀汉牌楼

东栅、西栅

西寨门、东寨门

滴水漫滩

廊桥

川西民居文化一条街

四川省三都博物馆黄龙溪分馆

影视摄影基地

东方“好莱坞”

荧屏“黄龙溪”

部分影视作品览

旅游项目

水上游

乡村采摘游

节庆活动

黄龙溪龙舟会

国际古镇风情节

高原三星放歌黄龙溪

国际香囊节艾尚黄龙溪

黄金周节庆活动

啤酒节

“龙吟九州”主题活动

乡村音乐节

2016 首届成都国际音乐诗歌季

旅游服务

游客服务中心

旅游交通线路

民居客栈

古镇“龙”文化

“龙”文化景观

“黄龙见水”

“龙”形街巷

老龙门

龙字壁

火龙灯舞

火龙制作

舞龙

烧火龙

火龙传承

“龙”文化展示

国际龙狮文化艺术节

舞台剧《水龙吟》

风土民情

黄龙溪船工号子

演唱风格

号子类型

代表曲目

传承

民间文艺

黄龙溪川剧

牛儿灯

幺妹灯

南狮表演

金钱板

莲箫

评书

民间工艺

花草帽

竹编

岁时习俗

吃腊八饭

祷牙

祭灶

偷青

除夕

拜年

点雁鹅灯

祈子节

放生节

清明节

端午节

乞巧节

中元节

中秋节

重阳节

人生习俗

礼俗

婚俗

生育习俗

寿庆

丧俗

生活习俗

黄龙溪夜市

打更

春台会

茶俗

黄龙溪巴蜀袍哥茶

茶马古道

庙会集场

赶场

龙舟会

王爷会

济孤会

土特名产

二荆条辣椒

沙地瓜

黄龙溪茶

韭黄

腊肉
美食小吃
九大碗
软炸蒸肉
粉蒸牛肉
清蒸鸭
夹沙肉
咸烧白
豆花饭
红汤、白汤黄辣丁
油酥猫猫鱼
焦皮肘子
熬锅儿肉
水煮牛肉
鱼香肉丝
藿香鲫鱼
一根面
丁丁糖
芝麻糕
土豆豉
方言　民谚
品行类
劝诫类
风俗类
物候时令类
歇后语
儿歌童谣

名人与名镇

人物传略
向传义
许寒冰
向宁芳
名人与黄龙溪
诸葛亮练兵黄龙溪
郭沫若赋诗古佛洞
李文信作《古镇小巷图》

艺文杂记

诗歌
游古佛洞
黄龙溪口占
游古佛洞
泊黄龙溪
黄龙溪夕景
古镇黄龙溪
黄龙溪
黄龙溪古镇
黄龙溪古镇
古镇黄龙溪
游黄龙溪
黄龙溪怀古
黄龙溪·江畔
游黄龙溪（回文诗）

我站在古榕树下
瑞龙吟·游黄龙溪镇江寺
美文
黄龙溪记
古镇黄龙溪赋
府河渔话
四季·黄龙溪
楹联
门联
短联
长联
碑刻
《乐善堂公议条规》碑
《永垂万古》碑
《三县会衔》碑
民间掌故
黄龙溪两千年历史溯源
武阳买茶
鹿溪河的传说
古西南“丝绸之路”的传说
黄龙溪“水上警察”

大事纪略

周慎王五年（前 316）古蜀王兵败黄龙溪
东汉建安二十四年（219）“黄龙见武阳赤水”
1949 年黄龙溪解放
1950 年平息匪患
1987 年设立黄龙溪办事处
1988 年黄龙溪古镇被列为县级文物保护单位
2004 年黄龙溪镇获评“全国环境优美镇”
2007 年黄龙溪入选“中国民间文化遗产示范区”
2007 年黄龙溪举办首届国际古镇镇长合作论坛
2007 年黄龙溪镇获评中国历史文化名镇
2008 年黄龙溪旅游区被批准为国家 AAAA 级旅游景区
2010 年黄龙溪举办第七届中国国际美食旅游节分会场活动
2012 年黄龙溪古镇景区旅游商品获四川赛区金奖
2012 年联合国世界旅游组织专家到黄龙溪考察
2014 年黄龙溪举办全国民办博物馆可持续发展论坛
2014 年黄龙溪获评中国最美生态文化古镇

附录

创建中国历史文化名镇
顺应发展规律　贵在返璞归真

编纂始末

浦市镇志

盛世浦韵　市通古今

基本镇情

建置区划

镇名由来

建置沿革

辖区变迁

社区村庄

社会发展

居民生活

社会保障

镇村建设

基础设施

公用设施

镇区和农村

精准扶贫

自然地理

地理位置

地质地貌

气候物候

土壤植被

自然资源

镇域经济

集散商品

百业并举

经济发展

劳务输出

社会事业

人口民族

文物胜迹

会馆祠堂

江西会馆

山陕会馆

溆浦会馆

李氏大宗祠
吉氏宗祠
邓氏宗祠
李氏公馆
古宅商院
吉家三重院
吉家商院
青莲世第
李家画院
余家巷子
姚家书楼
余字镖局
苏家院子
周家院子
张家院子
杨家大院
李家书院
关西世第
李家商院
武家大院
贺家院子
黄家院子
百忍堂
汇丰钱庄
寺庙宫庵
浦兴寺
上方寺
天王行宫
百吉庵
东岳寺
龙王庙
黔王宫
万寿宫
真武殿
凤山庵
黑龙庙
公安殿
鲁班庙
岩娘庙
生宝庵
天后宫
福音堂
忠义宫
五行庙
万结禅林
三圣宫
观音堂
九母殿
文昌阁
水龙宫
圣母殿
南公庙
帝主宫
映月庵
孟公庙
狮子庵
文昌庵
下庵

中庵
兴隆庵
伏波宫
轩辕宫
三元宫
太平宫
玉鼎宫
乾元宫
七仙宫
岳王宫
桓侯庙
广福阁
大方阁
古街古巷
城中有城
码头巷弄
古桥古井
古桥
古井
古道古隘
古道
现存古道
隘口
古遗址
下湾遗址
桐木垅古墓群遗址
浦市古驿道遗址
国民党陆军监狱遗址
文物情况
出土文物
文物种类
文物保护
古镇建设
古镇改造
设施建设

民间工艺

民间工匠
银匠
铁匠
石匠
木匠
泥瓦匠
篾匠
皮匠
裁缝
染匠
屠宰匠
剃头匠
油匠
漆匠
画匠
船工
工艺制品
编织
竹编
棕编

纺织

印染

纸扎

民间器具

竹器制品

木器用具

石器用具

金属物件

传统行业

鞭炮业

造纸业

印刷业

竹木业

抹秤业

制伞业

酿酒业

制革业

制衣业

非物质文化遗产

傩神面具

菊花石雕

蜡板凿花

特色文化

民间戏曲

辰河高腔

浦市阳戏

浦市渔鼓

浦市花灯

蚌壳灯

彩龙船

傩堂戏

民间文艺

民间歌谣

口头文学

吊脚文

民间体育

武术

龙舟竞赛

舞龙灯

舞狮

踩高脚马

抽陀螺

民间游戏

放风筝

荡秋千

踢毽子

跳方

挤油渣

翻纸板

打弹子

摔泥炮

民间棋术

打三棋

猪娘棋

金木水火土棋

争高棋

锁棋

旅游名胜

景点景区

浦市八景

山峦溶洞

气象景观

水利景观

田园景观

旅游开发

节会搭台

文化发掘

产品开发

品牌营销

管理服务

旅游线路

一日游线路

二日游线路

旅游体验

江滩寻宝

驿道徒步

生态乐园

龙舟文化

民居文化

旅游服务

游客中心

七彩生态旅游

岩门古堡寨游客中心

风土民情

美食小吃

土特产品

风味早点

特色糕点

特色食材

腊制品

果蔬加工

野味青蔬

生活习俗

服饰

饮食

民居

出行

岁时节俗

春节

闹元宵

吃社节

黔王出巡

端午节横江竞渡

舞草龙

六月年

中元祈福节

腊八节

抬故事

民间礼仪

婚嫁

生育

拜寄

寿庆

丧葬

建房

造船

社交

民间医疗

生产习俗

农耕习俗

渔事习俗

方言俗语

方言

词汇

俗语

俗规民约

家族俗规

村寨民约

家庭俗规

家规祖训

廖氏训诫

李氏祖训

李氏家规

康氏训规

吉氏家规

信仰禁忌

信仰习俗

巫傩活动

日常禁忌

名人与名镇

人物传略

谭子兴

张经世

廖名缙

王上仁

陈大诰

刘秀

吴少林

姚少安

康寿祖

廖世一

张甫田

程涛

钟干卿

印良田

李奇愚

姚鉴雪

姚云程

宋哲

罗瑞森

田昌家

康伯温

罗海凤

书香门第

世彩腾辉廖家

明经世第康家

秀衍香山吉家
青莲世第李家
踵事增华周家
傍石斋唐家
痴梅居李家
翠云庐罗家
富商大贾
瞿、唐、康、杨四大家
吉、李两大家族
十二大户
两大商户
名人与浦市
屈原遭流放途经浦市
王昌龄贬龙标尉经过浦市
徐达占据浦市追剿陈友谅残部
沐英驻军浦溪
吴三桂大魁洞求雨
吴八月攻占浦市
傅鼐修宝塔建书院
严如熤协助辰州通判重建城墙
石达开率部驻留浦市
贺龙率部驻防浦市
卢冬生从浦市走上革命
金庸在浦市采撷楚辞俚曲
烈士英名录

艺文杂记

古诗采撷
古诗咏浦
义诗留壁
碑记楹联
碑记
楹联
传说故事
民间传说
神话故事
地名故事
逸闻　奇事
逸闻
奇事

大事纪略

南宋绍兴五年（1135）谭子兴镇守浦口
清嘉庆十四年（1809）创办浦阳书院
1916 年浦市发生“北兵之乱”
1923 年向警予在浦市做社会调查
1926 年浦市建立中共组织
1935 年红二军团长征经过浦市
1936 年浦市建立商会武装
1939 年国民党军政部联合军人监狱迁址浦市
1949 年土匪徐汉章进驻浦市攻打县城
1950 年浦市创办火电厂
1951 年创办柑橘苗圃
1952 年创办麻溪口煤矿
1956 年成立鞭炮合作社

1966 年修建岩门溪水库

1982 年成立泸溪县浦市化工总厂

2010 年浦市获批中国历史文化名镇

2017 年公布《浦市历史文化名镇保护管理条例》

1977—2017 年发生 5 次特大自然灾害

2019 年浦市古建筑群获批全国重点文物保护单位

主要参考文献

编纂始末

茶阳镇志

岭南古镇　汉乐故里

基本镇情

建置区划

镇名由来

建置沿革

行政区划

行政村和社区

区位　交通

区位

交通

自然环境

面积

地质

地貌

气候

主要山峰

主要河流

自然资源

自然灾害

人口　姓氏

人口

姓氏

港澳台同胞与侨胞

港澳同胞

台湾同胞

侨胞

经济发展

概况

农业

工业

商业

乡镇建设

通信

供水

供电

广播

电视

邮政

社会发展

教育
医疗
居民生活
扶贫济困

古镇风貌

古城城垣
茶阳老县城
粤东之最——老街骑楼群
茶阳八景
东磜悬流
神泉秋望
狮崖春花
湖山月舫
南华石洞
古寺晨钟
印江冬雾
茶岭松涛
古牌坊
父子进士牌坊
天褒节孝牌坊
天荣节孝牌坊
老街古店
茶阳老街
恋墩村老店铺（排楼坝）
特色古民居
张氏家庙（昌祚堂）
诒谷堂
一斗堂
齐政堂
余庆堂
张氏家庙（孝友堂）
德馨堂
永宁堂
冬官第
文献流徽
儒林第
美中楼
大夫第
中书第
紫薇世第
资政第
中宪第
敬爱堂
椿森第
中和楼
宝华楼
朝议第
友竹山庄
箕裘济美
垂裕堂
燕诒楼
奉政第
旋庐
翼楼
春福第
古水井

诒谷堂水井

资政第水井

学前街水井

古墓葬

詹学传墓

南宋宰相郑清之夫人墓

饶四郎墓

古寺庙　教堂

清泉古刹

茶山福主庙

永丰寺

城隍庙

北帝庙（湖山禅院）

邹公庙

关岳庙

西竺庵

慈渡庵

海神天后宫

南华寺

三圣公王庙

大埔茶阳念佛堂

基督教堂

古桥古圳

宾阳桥

襄阳桥

仙基桥

戊辰桥

古村古水圳

茶阳城内古圳

明清官（驿）路官山

官路

官山

古树名木

府内老榕

石上盘龙

埔中木棉

古石刻

朝阳门石匾

宾阳桥石匾

戒贪石碑

重修大埔县儒学碑记

报恩碑

两省风纪牌坊

父子中翰石门横匾

清白传芳石匾

奉宪永行禁革碑

奉抚宪革除私派等碑

革除礼钱碑记

纪念建筑

抗日阵亡将士纪念碑

茶阳革命烈士纪念碑

海滨堂、慈威堂、侨德堂

抗日战争胜利纪念亭

饶彰风纪念亭

革命遗址

太宁农会旧址——福兴寺

中共大埔县部委员会旧址

大埔县第一次农民暴动旧址

中共红色政权首个公安局——大埔县工农革命政府公安局
大埔农运策源地——义训堂
埔北区苏维埃政府旧址——盛公祠
埔北区苏维埃政府旧址——昭稳堂
中央苏区秘密交通线联络站（点）
闽西南军政委员会交通站旧址——纯嘏堂
中共大埔县工作委员会旧址——南华寺
中共闽粤赣边工委扩大会议旧址

乡土风情

美食小吃
客家美食
特色小吃
名优特产
客家娘酒
腐枝（腐竹）
土纸
竹制工艺品
民间习俗
农耕习俗
经商习俗
船运习俗
拜师习俗
服饰习俗
饮食习俗
出行习俗
礼仪习俗
成年婚嫁
出生
寿辰
作新灶
迁新居
丧葬
祭祀
传统风俗
升灯（上灯）
茶阳春游
茶阳饶姓迎灯
关岳巡城
五显大帝庙会
邹公圣王庙会
方言　熟语
方言
谚语
歇后语

古镇保护与旅游开发

古镇保护
文物普查登记
申请入编名录
法律法规
保护机构
修葺项目
修葺资金
旅游开发

打造古镇旅游品牌

旅游线路

特色文化

岭南奇音——广东汉乐

源流

曲目

乐器

类别

汉乐发展

南国牡丹——广东汉剧

源流

剧目

表演

龙腾盛世——茶阳花环龙

起源

舞技

表演活动

制作工艺

余音绕梁——客家山歌

流传

类型

非物质文化遗产

名人与名镇

人物传略

饶金

饶相

饶与龄

戴荣

张奕灵

饶庆捷

饶芝

饶褒甲

戴欣然

邹鸾章

饶托生

邹鲁

饶龙光

王光被

邹师贞

彭素民

赖少魂

邹琳

罗夔华

邓举

江穆

饶彰风

萧希明

饶师泉

邹健东

饶璜湘

饶练

罗季荣

江田

钟卓才

饶竞新
钟勤
邝云妙
张良栋
名人履痕
詹学传在茶阳
蔺涛治埔
左宗棠驻防茶阳
人物表录

艺文杂记

文学创作与著述
诗词
读书歌（四首选二）
闻报出守南昌述怀
癸卯岁江南北大旱黎民饥馑秋行即事
神泉四景
午日过大埔偕吴邑侯游天印山
天印胜览
鸣琴清暇吟
埔庠四景
中秋玩月神泉候馆（二首）
茶阳八景诗
印山晚眺
狮江偶憩
登南山
大水行
归舟回文诗
南楼晓望
茶阳竹枝词（四首选一）
书饶曼唐吴淞草诗卷后
茶阳竹枝词（四首选二）
重游赤蕨岭灵觉寺
莲花洞抒怀
读袁中郎《锦帆集》
山中梅花盛开
神泉漱玉
朝汉台怀古（四首选一）
赵宇文邑侯回任
挽俊民弟妇（四首选一）
印山纪游次师白原韵
狮崖
鹤沚
埔城
清明风雨感别
印山杂咏（四首选二）
沁园春 · 忆故乡大埔
楹联
大埔老县衙门楹联
老县衙大堂楹联
古村三角塘太平亭楹联
茶阳中山亭楹联
茶阳印山亭楹联
茶阳景行亭楹联
茶阳关岳庙楹联
茶阳清泉寺楹联
饶氏翥凤山房楹联
茶阳饶氏宗祠楹联

茶阳张氏家庙楹联
茶阳罗氏垂裕堂楹联
茶阳王氏魁士第楹联
茶阳连氏德馨堂楹联
茶阳谢氏芝兰第楹联
华祝丘氏宗祠楹联
大埔中学百年校庆百字楹联
大埔中学一百一十周年校庆楹联
三层岭粤闽交界处牌楼楹联
散文
报恩碑
小靖社学记
天印山集序
波光山影溯汀江
“别处”的茶阳
茶阳赋
歌谣
儿歌
生活、生产歌谣
革命歌谣
轶事
“报恩碑”的故事
陈可奇的故事
女诗人饶淑娟轶事
三平民和左宗棠的“顶戴”
“一腹三翰院”之饶氏传奇
杂记
奏拨大埔县都图疏
大埔县图说
朝廷文告
明成祖诰命
明英宗诰命
明世宗诰命
明毅宗诰命
清圣祖诰命

大事纪略

大埔县治设茶阳始末
太平军四到茶阳
1914 年大埔中学创办
1926 年大埔县第一个农民协会在太宁成立
1926 年太宁农军支援北伐
1927 年“八一”南昌起义军进驻茶阳
1949 年大埔县城（茶阳）解放

附录

茶阳镇印发《关于加强茶阳镇古民居保护工作的意见》的通知

主要参考文献

编后记

崖城镇志

崖州古城　南繁宝地

基本镇情

建置区划

建置沿革

行政区划

地理环境

地理位置

地形地貌

气候

水文

潮汐与潮流

土壤

植被

自然资源

气候资源

土地资源

水资源

生物资源

矿产资源

人口民族

人口数量

民族构成

族谱简介

社会经济

经济发展

农场与企业

社会保障

社会事业

镇区建设

新农村建设

重点建设项目

传统产业

农业

水稻种植
番薯种植
薯蓣杂粮种植
槟榔种植
瓜菜水果
甘蔗花生
玉米豆类
畜牧家禽
渔业捕捞
手工业
纺织业
制糖业
制盐业
造船业
砖瓦业
石灰业
制陶业
建筑业
鱼虾加工业
槟榔加工业
打铁补锅业
磨米酿酒业
木材加工业
藤竹加工业
椰壳加工业
集市商贸
古代墟市
近代商贸
交通运输
驿道
公路
铁路
海运

特色经济

南繁育种
起源与发展
南繁育种主要作物
管理与效益
冬季瓜菜
产业肇兴
基地与品种
市场与效益
农民专业合作社

旅游开发

旅游资源开发
大小洞天开发
南山佛教文化苑建设
旅游景区
大小洞天景区
南山佛教文化景区
美丽乡村
旅游文化活动
龙抬头节
太极文化节

旅游效益

旅游特色与效益

旅游收入

旅游服务

景点交通

配套服务

文化遗产

崖州故城

古城区位

城墙门池

历史街巷

骑楼建筑

骑楼街概况

骑楼街形态

民宅故居

传统民居

民宅选录

名人故居

学宫　书院　坊塔

崖城学宫

鳌山书院

三姓义学堂

少司徒世科坊

迎旺塔

祠庙会馆

裴晋公宗祠（盛德堂）

孙氏宗祠

龙王庙

德福祠

神山古庙

崖县农民协会旧址（四邑会馆）

古桥池窑

官沟与广济桥

五孔砖桥

万代桥

既济亭热水池

高山窑址

墓葬陵园

八人轿坡伊斯兰教徒古墓场遗址

历史人物墓

革命烈士墓

烈士陵园

石刻碑刻

大小洞天摩崖石刻

碑刻石匾

木刻匾联　遗址古迹

木刻匾联

遗址古迹

非物质文化遗产

崖州民歌

黎族打柴舞

黎族传统纺染织绣技艺

黎族原始制陶技艺

迈歌

古镇保护

遗址考古

古城修建

三次考古发掘

保护机构

历史文化名镇保护管理委员会

保护规划

规划编制

保护范围

保护内容

历史镇区保护

传统村落保护

规划实施

文物保护单位

保护工程建设项目

非物质文化遗产保护

保护项目

保护措施

风土民情

衣食住行

服装衣布

饮食美味

风味美食

建屋居住

居民出行

岁时节俗

春节

元宵节

清明节

端午节

寒衣节

中秋节

婚嫁习俗

崖城居民婚嫁习俗

西里农村婚嫁习俗

黎族婚嫁习俗

生育　寿诞

生育

做寿

丧葬习俗

汉族的丧葬习俗

黎族的丧葬习俗

海神信仰

海神祭祀

抬公游神

祭拜船头

渔民禁忌

开渔节

方言俗语

方言

方言人口与分布

俗语

客话（闽南话）

迈话

名人与名镇

人物传略

韩瑗

阿史那献

李德裕

丁谓

周鄘

裴闻义

洪亮

陈尧恩

林资深

邬若虚

瞿罕

张擢士

黄友瓒

陶元淳

宋锦

唐镜沅

钟元棣

赵以濂

郑绍材

陈英才

黎茂瑄

麦宏恩

林庆墀

何绍尧

孙惠公

黎宗彦

郑联达

孙维青

黎秀基

陈虞

孙亚九

孙家浩

苏云峰

陈启洲

崖城名贤

巾帼英雄冼夫人

唐大和尚鉴真

北宋宰相卢多逊

爱国名相赵鼎

抗金名臣胡铨

衣被天下黄道婆

元代参政王仕熙

变法志士林缵统

岭海巨儒钟芳

生平事迹

理学思想

琼崖留芳

悯黎敦睦

琼岛情怀

诗赋书法

革命烈士英名录

艺文

诗词

水南村·为黎伯淳题

哭赵公鼎

崖州八景诗（选二首）

鳌山白云

水南暮雨

道婆祠有序

访盛德堂

还崖稿

重建五贤祠

到崖

和唐镜沅题壁诗原韵（选二首）

崖州新八景诗（选二首）

鳌山叠翠

抱郭双流

访仲实先生故居有感

拣香螺

散文家书

海山奇观

故乡的酸梅树

鳌山红豆

麦宏恩烈士遗书

记　序　文选

大小洞天记

崖州学记

重修崖州学宫碑记

盛德堂记

《崖州历史文化展览图文集》序

《黄怀兴书法作品集》序

郑绍材乡试朱卷木刻版记

美术书法作品

楹联

盛德堂楹联

还金寮楹联

卢多逊纪念馆楹联

孙氏宗祠楹联

黄氏宗祠（江夏堂）楹联

赵氏宗祠楹联

张氏宗祠楹联

水南村大门楹联

崖州衙署（清）楹联

歌谣歌曲

崖州民歌

情歌

流传崖州民歌

迈歌

童谣

歌曲

民间传说

试剑峰的传说

钟芳童年诗才佳话（二则）

鲨鱼背负书生脱险

港门龙王庙的传说

大洞天观仙人下棋

毛公灵验传奇

稻谷米粒变异
保港铁炉塘四次现祥光

大事纪略

1912 年崖州直隶州改为崖县
1914 年刊印清末编修的《崖州志》
1922 年“西军”（桂军）攻入崖州城
20 世纪 20 年代中共党组织在崖城建立
1926 年创建崖县中学
1926 年瘟疫
1927 年水患
1948 年攻打崖城监狱
1950 年中共崖县县委、人民政府从山区迁到崖城
20 世纪 60 年代郭沫若点校《崖州志》
1970 年火车倾陷事故抢险救援
2006 年梅山革命史馆建成
2007 年崖城镇入选“中国历史文化名镇”
2007 年水南村卢多逊纪念馆建成
2015 年崖城镇撤镇改为崖州区

附录

海南省人民政府关于三亚市崖城国家历史文化名镇保护规划的批复
海南省人民政府关于三亚崖州湾科技城总体规划的批复

主要参考文献

编后记

邵伯镇志

京杭大运河上的名镇

基本镇情

建置区划

建置沿革

行政区划

村庄社区

自然环境

地质地貌

气候

水系

自然资源

区位交通

人口、民族、姓氏

人口总量

人口变化

人口构成

民族

姓氏

镇村建设

集镇区建设

农村建设

特色产业

经济总量

特色工业

重点工业企业简介

现代农业

现代农业园区简介

建筑之乡

建筑一级资质企业简介

文旅商贸产业

社会事业

文化教育

医疗卫生

居民生活

收入消费

社会保障

运河风韵

运河

运河开凿与变迁

世界文化遗产

京杭大运河邵伯段

邵伯明清大运河故道

邵伯古堤

邵伯码头

邵伯铁犀

周边湖泊

运河之西湖泊

运河之东湖泊

附属水利设施

邵伯埭

斗门船闸

邵伯六闸

民国邵伯船闸

邵伯船闸

邵伯复线船闸

三线船闸

盐邵船闸

堤防闸坝

堤防修建

堤防溢决

减水闸坝

归江闸坝

古镇风貌

遗址古迹

古街

古井

古桥

古渡

古居名宅

祠堂寺庙

古树名物

古墓古碑

斗野亭

附 1：邵伯古八景

附 2：云川阁十六景

古镇保护

街巷

河道

码头

驳岸

规划布局

总体规划

专项规划

镇域布局

街区整治

玉带河整治

斗野园及滨河路建设改造工程

明清大运河故道及其周边大运河遗产保护与展示工程
海事所码头闲船迁移工程
历史街区三线落地
甘棠路立面改造工程
老淮江、邵乔路立面改造工程
新建仿古美食街
落成运河廉文化传承馆
古建筑维修
梵行寺复建
华氏宗祠复建
邵伯巡检司署翻建
竹巷口—大马头片区整修改造
董恂读书处整修翻建
污水处理工程

兵事遗址

抗日斗争
昭关坝阻击战
邵伯锄奸
邵仙公路伏击战
华中野战军攻克邵伯
解放战争时期的武装斗争
邵伯阻击战
邵伯保卫战
红色遗址
邵伯保卫战烈士陵园
中共邵伯特别支部旧址
邵伯保卫战指挥部旧址
附：邵伯革命斗争大事（1919—1949）

旅游开发

景区景点
邵伯湖旅游度假区
邵伯船闸
节制闸
戚墅寺
运河廉文化传承馆
法治文化传承馆
公园广场
邵伯运河生态公园
谢安广场
渌洋湖湿地
邵伯艾菱湖高效农业示范区
旅游服务
游客服务中心
宾馆酒店
旅游线路
旅游节庆

风土民情

风味美食
邵伯焖鱼
邵伯咸鹅
邵伯香肠

昭关老鹅
马槽猪头肉
大煮干丝
腊八粥
土特名产
邵伯龙虾
邵伯菱
邵伯湖螃蟹
邵伯湖银鱼
邵伯草鸡
邵伯黄瓜
传统习俗
生活习俗
庆典习俗
生育习俗
婚嫁习俗
寿庆习俗
丧葬习俗
节庆习俗
庙会集市
城隍会
都天会
观音会
东岳会
民间歌谣
水车号子
薅草号子
推耙号子
抬草号子
赶牛号子
放鸭号子
打硪号子
宗教信仰
佛教
道教
伊斯兰教
天主教
基督教
方言俗语
涵盖区域
邵伯方言特点
方言遴选释义
谚语

传统文化

非物质文化遗产
邵伯锣鼓小牌子
邵伯秧号子
露筋娘娘传说
民间艺术
舞龙
舞狮
荡湖船
唱麒麟
河蚌舞
冰炭不同炉
挑花担

花香鼓舞
踩高跷
站高肩
抬阁
闹花灯
扬剧
传统技艺
打排斧
打坝头
打锚链
摇麻绳
弹棉花

艺文杂记

诗词撷英
邵伯埭下寄高邮陈郎中
召伯埭上斗野亭
还自广陵
重登斗野亭二首
邵伯舟中
谢太傅祠
夜过邵伯湖
邵伯湖夜泊
邵伯埭
过邵伯湖
邵伯舟中
斗野亭
邵伯镇
邵伯湖
舟泊湖上
夜赴邵伯镇
文篇选粹
月是故乡明
邵伯的三月二十八
邵伯行（选二）
诗意的清风渌洋
一个别致的名字
邵伯记三则
碑记文献
谢太傅祠碑文
罗君生祠记
建斗野亭记
乾隆南巡过邵伯书事
甘泉县严禁混封邵伯民船碑文
民国二十年大水复堤碑文
皇清诰授光禄大夫户部尚书甘泉董公神道碑铭
再建斗野亭
历史遗踪
邵伯菱的传说
牌坊故事
颜鲁公碑与《蔡明远帖》
甲仗楼咏
后周世宗驻跸法华寺
苏东坡游梵行寺
奇井轶闻
乾隆皇帝轶事

张赐宁神笔画济颠

名人与邵伯

名人传略

徐寅亮

董恂

邱育卿

杜仲骏

张朝辅

张鹤第

丁文莹

杨士香

周湘亭

朱物华

冷荣泉

毛如升

徐芝纶

张秀英

华椿

李文瑾

刘力上

演培法师

万国林

陆素娴

名人履痕

米芾与《露筋之碑》

文天祥过邵伯镇

孔尚任访蒋继轼

曾国藩两过邵伯镇

张恨水浪迹邵伯

朱自清童年在邵伯

名人简介

徐兰如

毛凤山

郑国伟

马长贵

陈捷先

阎立诚

毛如柏

吴迪忠

任天石

许永淮

王定庆

人物表录

进士名录

革命烈士名录

大事纪略

扬州最早的高等学府——东山书院

邵伯更楼决口

太平军在邵伯的反清斗争

成立江都县第五高等小学

新民主主义革命时期中国共产党在邵伯的组织和影响

杨柳青镇志

大运河畔的年画之乡

基本镇情

建置区划

地名由来

建置沿革

辖区变迁

村庄

社区

自然环境

地理位置

地质地貌

气候

自然灾害

人口民族

人口总量

源流迁徙

民族结构

姓氏组成

镇域经济

经济总量

第一产业

第二产业

第三产业

社会发展

社会事业

居民生活

镇村建设

卫生镇创建

街村建设

基础设施

公用事业

杨柳青年画

年画之乡

年画初兴
年画盛期
文化流动
年画衰落
画艺复兴
风格技法
年画风格
画工技法
加工模式
分工制作
以师带徒
婆领媳作
外订加工
季节销售
着色
染色
颜料
工具
技法
画店作坊
清初至民国画店（作坊）
清道光至民国时期杨柳青南乡画店（作坊）
当代画店
画师名录
清乾隆至嘉庆年间（1736—1820）画师
清道光至民国中期画师
民国中期至1950年画师
1950年以后画师
近代雕版艺师
年画世家
戴氏
齐氏
霍氏
年画活动
年画节
年画展
年画进校园
人才培养
杨柳青年画衍生品文化创意设计大赛

名胜古迹

南运河
运河区段
运河今昔
古建筑
文昌阁
牌坊
德式火车站
董家大院
普亮宝塔
古遗址
蓆市大街明代遗址
古运河遗址
古墓葬
宋代墓葬
张愚墓
高仁斋墓

安瑞章墓
杨柳青大运河国家文化公园
考古勘探
考古发掘
平津战役天津前线指挥部陈列馆
建馆陈列
题词捐物

杨柳青人赶大营

缘起兴衰
缘由
兴盛
衰落
经营活动
随军销售
入城摆摊
开办商店
设庄经营
员工
营销方式
进货
回货
自购自销
合伙经营
批发
零售
行业分类
商业店铺
饮食服务
加工制造
运输行业
文化行业
贸易金额
挑担货郎阶段
坐商阶段
大宗商品贸易阶段
商旅路线
南线
中线
北线
小草地
绥新长途汽车公司
团体组织
各城商会
直隶会馆
水龙局
同乡会
协饷　货税
协饷
货税
路线　商号
沿途路线
商家店铺

石家大院

大院格局

大院修建
建筑格局
重点建筑
戏楼
暖厅
鸳鸯厅
垂花门
雕刻艺术
木雕
石雕
砖雕
建筑特点
门开见品
石头上房
雕梁素栋
有凤无龙
跑马水道

风土民情

衣饰发型
服装
冠戴
鞋袜
男性发须
女性发型
饰品
美食小吃
主食
汤食
传统小吃
居住陈设
古式宅舍
普通宅舍
家具陈设
家用电器
岁时节俗
腊八节
祭灶
除夕
春节
接财神
元宵节
龙抬头日
端午节
中秋节
重阳节
民间文艺
杨柳青剪纸
杨柳青风筝
香塔音乐法鼓
民间花会
民间音乐
杂技
方言俗语
语系归属
语音特点
方言

谚语

艺文杂记

史籍探古

保甲图说

帝王足迹

诗词　歌曲

诗词

歌曲

故事　传说

乾隆看年画

画扇面

乾隆来到“戴廉增老画店”

重修文昌阁的故事

普亮宝塔

杨柳青年画的传说

晴雨伞

药王庙的传说

五彩八珍鸳鸯扣

名人与名镇

人物传略

高居宝

董积厚

高善观

闫美人

高桐轩

张祝三

安文忠

王国立

刘学谦

杜　彤

王猩酋

邓庆澜

郑联鹏

王学泮

张兴泽

潘忠义

安秀梅

李春林

刘喜奎

岳家霖

杜联喆

刘紫蘅

董绍良

姜存瑞

杜颖陶

石　挥

任国栋

王树村

廉万春

名人与杨柳青

袁桷与朱窝杨柳青诗

羊来如与杨柳青理门

乾隆与杨柳青之名

董来真与正安堂公所

霍元甲在杨柳青学澶腿
韩慕侠在杨柳青训练东北武术团
张学良曾驻杨柳青
石毓澍与卫生事业
冯骥才与名镇文化保护
郭忠萍与家乡音乐

大事纪略

明军杨柳青伏击战
太平天国战事
直奉杨柳青交战
国民军与奉军杨柳青战事
抗日武装夜袭日伪军
解放杨柳青
杨柳青木版年画普查
“津娃”亮相第十三届全运会
杨柳青大运河国家文化公园项目

主要参考文献

编后记

西沱镇志

概述

基本镇情

建置区划

地名由来

建置沿革

辖区变迁

自然地理

地理位置

地质地貌

气候

自然资源

动物

植物

矿产资源

水资源

土地资源

主要隘口

人口　民族

人口总量

人口构成

民族结构

人口姓氏

镇域经济

经济概况

农业

养殖业

工业

商业

镇村建设

场镇建设

农村建设

交通建设

码头建设

渡口建设

水利建设

邮政

通信

文化建设

公共设施

环境整治
教育
旧制教育
学前教育
小学教育
中学教育
扫盲教育
职业教育
医疗
西沱镇中心卫生院
西沱镇卫生院
合作医疗站
个体医所
社会福利
民政优抚
社会救济
最低生活保障
镇民生活
镇民收支
衣着
饮食
民居
出行
用具

长江特色商贸街

云梯古街
云梯街得名
商贸繁荣
布局独特
老街记忆
袍哥堂口
保护开发
保护举措
旅游开发
文旅融合
非遗传承
西沱历史文化展馆

特色文化

土家文化
土家啰儿调
土家哭嫁
土家摆手舞
土家说客
土家耍锣鼓
舞龙玩牛
土家喊彩
土家说吉利
土家吊脚楼
盐运文化
盐店与旅店
盐运队伍
盐运行程
背夫装束
背盐工具

盐货交易
有关盐运的歌曲
文化交流
文化传承
码头文化
舟楫往来
力夫云集
码头帮会
力夫号子
轿夫号子
盐道号子
船夫号子
纤夫号子
石工号子

三峡移民

前期工作
淹没区调查
移民开发试点
移民规划
移民安置
安置概况
农村移民安置
社区迁建
企业安置
专业项目复建
库底清理
卫生清理
固体废物清理
建筑物及构筑物拆除清理
林木清理
工程验收
自查验收
初查验收
国家验收

文物　古迹

古道路
巴盐古道
其他古道
古桥梁
益寿桥
太平桥
一里半石桥
黄龙桥
马龙桥
龙眼桥
庙宇会馆
道教宫庙
佛教寺堂
会馆
古遗址
独门嘴树化石群
沙湾遗址
过蛟龙摩崖造像
观音寺遗址

水文遗址
古墓群
汉墓群
毛家湾崖墓
陶家坝汉墓群

风土民情

美食小吃
名饮
美食
民间小吃
土特名产
都粑粉
斑鸠叶豆腐
烟熏牛肉
西沱高粱小曲酒
民间信仰
敬白虎神
敬奉家神
迷信巫觋
岁时习俗
年节
端午节
中秋节
社交习俗
祝寿
婚俗
丧葬习俗
三朝酒
断水酒
农事习俗
撒吊秧
祭祀牛王
换活路
民间禁忌
节日禁忌
劳动禁忌
生活禁忌
交往禁忌
方言俗语
方言
谚语
歇后语

艺文杂记

诗词
崇祯皇帝平台赐诗四首
熊福田诗四首
谭梓安诗二首
谭光华诗词四首
美术作品
徐悲鸿的油画
杨光素的油画
谭继文的山水画
民间故事
张飞与烟熏牛肉

桓侯宫的来历
秦良玉与酸鲊肉
千脚泉的故事
龙眼桥的由来
西沱言子
南城寺的韦陀——坐起的
谭家的银子，杨家的顶子，黄家的掟子，不如熊家的药铺子
媒体宣传

人物

传记
秦伯卿
谭定清
附：谭氏兄弟
熊明炳
秦万鑫
熊福田
任正炳
熊裔盛
崔吉隆
杨光素
名人与西沱
秦良玉设行辕于西沱
陶澍夜泊西沱题诗赞秦良玉
左辅为西沱作词
徐悲鸿创作油画《西沱风景》
邹荻帆赋诗《西沱镇即景》
汤羽扬呼吁保护西沱古镇文化遗产
叶小钢到西沱采风
孔维克写生西沱人物
阿蛮慕名造访云梯街
江小平考察西沱演艺市场

大事纪略

中共地下活动
解放西界沱
工业发展
移民工作
历史文化名镇
网红竹落户西沱

附录

西沱国家历史文化名镇保护条例
重庆市历史文化名镇西沱古镇保护及发展规划（节录）

主要参考文献

编后记

经济强镇

JINGJI QIANGZHEN

虎门镇志

中国近代史开篇之地——虎门

基本镇情

位置　面积

区位

面积

建置　区划

建置沿革

行政区划

村庄

地名

行政区、村名

山、水、岛、礁

部分建筑

部分路（街）名

人口　姓氏　语言

人口

姓氏

语言

自然环境

地貌

气候

海域水文

河流

水库

海堤

基础设施

公路

桥梁

铁路

虎门港沙角港区

虎门宏业货柜码头

邮政

电信

信息网络

镇区建设

总体规划

城区及街道

供电

道路照明

供水

排水

供气
住宅建设
绿化
公园
经济发展
综合实力
第一产业
第二产业
第三产业
文化　教育　卫生
文化
教育
卫生医疗
居民生活
收入
消费

英雄虎门

金锁铜关
防务
营寨
驻军
设施
虎门销烟
收缴鸦片
销烟壮举
重要战事
明代虎门中英之战
清代穿鼻洋之战
沙角、大角炮台保卫战
虎门保卫战
第二次鸦片战争广东（虎门）之战
虎门中日海战
虎门守卫战
白沙之战
怀德、黄田之战
北栅夜袭战
远丰阻击战
纪念设施
林则徐销烟池旧址
虎门炮台旧址
节马碑
附：节马行
林公则徐纪念碑
节兵义坟
义勇之冢
鸦片战争博物馆

时尚虎门

中国服装服饰名城
服务平台
国家纺织面料馆虎门分馆
中国纺织工业联合会检测中心虎门实验室
新丝路时尚发布中心
虎门服装设计研发中心
虎门服装教育示范基地

纺织服装集群转型升级和协同创新联盟
服装品牌
名牌战略
中国驰名商标
中国名牌产品
国家免检产品
其他知名品牌
市场集群
虎门寨商业（服装）街
富民商业大厦
富民金辉童装城
黄河时装城
龙泉商业广场
虎门百家商场
虎门国际布料交易中心
富民布料大市场
客天下国际布辅料城
虎门国际服装机械城
虎门电子商务产业园
大莹服装电商城
裕隆小商品电商城
百达国际电商城
意法电商城
虎门跨境电商园
服装会展
附：国际服装机械展贸会
中国（虎门）国际服装网上交易会
会展文化
服装文艺晚会
时装表演
服装设计大赛
“虎门杯”国际青年设计（女装）大赛
中国（虎门）国际女装网上设计大赛
中国旅游服装服饰设计大赛
“甲虫屋杯”首届中国（虎门）国际童装网上设计大赛
中国（虎门）微电影大赛

经济强镇

工业企业
乡镇企业
“三来一补”企业
“三资”企业及港澳台资企业
个体和民营企业
电子电缆制造业
电子电缆产业
展会与论坛
商业贸易
贸易市场
商业街
电子商务
餐饮业
旅（酒）店业
特产美食
对外贸易
明清时期
民国时期

新中国成立后
太平进出口货物装卸点
特色农业
传统特色农业
名优种植业基地

文化名镇

古迹　遗址
村头村贝丘遗址
五眼井
陈志敬墓
郑瑜墓
古建筑　纪念性建筑
郭真人古庙
逆水流龟村堡
白沙郑氏宗祠
礼屏公祠
朱执信纪念碑
执信公园民国建筑群
太平福音堂
蒋光鼐故居
玉虚古庙
鸦片战争博物馆馆藏文物
国家一级文物——虎门大炮系列
国家一级文物——火药埕
国家一级文物——“桑榆共卫”木匾
国家一级文物——虎门义学碑
国家一级文物——1980 年 6 月宋庆龄题词
群众文化
文化设施与场所
粤剧粤曲
文学报《虎啸》
渔歌文化节
东莞市相声（小品）创作基地
非物质文化遗产
旅游文化
中国最具特色乡村旅游目的地
旅游线路
虎门旧八景
虎门新八景
石洞森林公园

风土风情

生活习俗
服装
饮食
居住
出行
用品
节令习俗
春节
元宵
清明
端午
中秋
冬至

除夕
婚嫁习俗
陆上居民婚嫁习俗
“勾阁”及唱“出嫁歌”
水上居民婚嫁习俗
喜庆习俗
出世
满月
百岁
开灯
诞辰
入伙
信仰习俗
宗教信仰
民间信仰
方言
语法特点
词汇
歇后语
谚语
气象谚语
生活谚语

虎门人物

历史名人
王知在
陈珪
陈志敬
陈履
陈益
谭青海
郑瑜
郑修
何芳
陈嘉谟
王煜初
杨衢云
王宠佑
王宠惠
刘达潮
王宠益
蒋光鼐
王若周
王吉民
王应榆
郑师许
陈祖泽
卢子枢
陈均权
卢惠卿
王匡
蒋世芬
名人与虎门
余靖虎门观潮
晋淑玉倡修麻石路
阮元奏建炮台
关天培血战虎门

邓廷桢禁烟建海防
林则徐虎门设“铜关”
孙中山巡视虎门海防
陶铸虎门蹲点
陈郁支持虎门膏蟹生产
附：人物录

艺文

文学创作与著述
诗词
留题龙潭
龙潭然公旧址
深溪龙潭
武山
武山
虎门
深溪山
虎门侯汐
虎门观海
虎门泛海
登沙角炮台次舟巡海
和邓嶰筠前辈（廷桢）《虎门即事》原韵
月华清
舟过大小虎
过虎门
过虎门
虎门
五绝·虎门
楹联
虎门十炮台楹联
白沙真人庙头门
白沙真人庙中门
白沙村友葵祖祠门口
白沙逆水流龟村堡正门
白沙逆水流龟村堡左巷
白沙逆水流龟村堡右巷
白沙山兜坊牌楼
白沙油巷闸门
蒋光鼐故居红荔山房
南栅王氏大宗祠
南栅秋月公祠
南栅翠蹊王公祠
文选
虎门炮台
铁兵战垒壮千秋
四围山响虎门风
虎门，历史之门，神奇之门
童谣　儿歌
鸡公仔
落雨大
落雨仔
卖懒歌
月光光
娶新娘
我唔睇　睇狗仔
团团转
咪虼仔

麻雀仔
牛碌念
细时好
咸水歌
男女情歌
男女嬉戏歌
倾诉水上人家的悲苦生活唱
老人（家公）去世媳妇哭唱
大海驶船歌
客家山歌
好彩来了林则徐
榄仔好食两头尖
阿妹约我做什么
过了一窝又一窝
门前流水急啾啾

大事纪略

北宋设盐栅
宋端宗驻秀山
最早引种番薯
率先仿制佛郎机
虎门中英之战
虎门销烟
第一次鸦片战争战事
虎门中日海战
创办中国内地首家来料加工企业
全国农村首家港资企业
获评“中国女装名镇”
虎门大桥建成通车
名列“全国千强镇”榜首
试点撤镇设市

附录

文献辑录
明代佛郎机首先仿制于虎门白沙
虎门是我国引种番薯的最早之地
民间传说
虎门传说
五眼井传说
摊书山传说
南栅有个“济公”
“眼眉山”的传说
轶事
郭真人轶事
郑瑜轶事
郑修轶事
试卷画梅
皇封国舅
油鸭溯源
水桶化井

主要参考文献

编纂始末

概述

乡里镇情

建置沿革

行政区划

自然地理

地质

地貌

气候

乡村聚落

人口

民族

姓氏

行政村

经济强镇

农耕业

传统渔耕

园区农业

传统产业

酱业

染坊业

酒业

锡箔业

盐业

纺织产业

化纤

织造

印染

服装家纺

其他产业

冶金　机械

电子　电气

皮塑　包装　印刷

化工

钱清集市贸易

私营商户

集市
轻纺原料市场
市场建设
市场交易
市场管理
市场升级
企业培育
乡镇企业
三资企业
民营企业
企业选介

宜居城镇

民生事业
文化教育
医疗卫生
社会保障
居民收入
新农村建设
1999 年钱清镇村镇总体规划（摘要）
村村公交
邮政电信
民宅变化
水利建设
改厕增绿
小城市建设
集镇改造
2011~2013 年小城市培育规划（摘要）
大钱门
市场改造
配套设施

文化古镇

古遗址　古建筑
清水亭
古纤道
古九溪闸桥
德胜桥
广溪桥
里仁桥
闸桥
益寿庄桥
丰顺桥
凝瑞桥
大新桥
安东桥
东运桥
烧饼桥
九岩三眼石桥
行义桥
广陵斗门
大王庙
五王祠堂
智度律寺
环翠塔
梅村两等小学堂旧址

九岩青瓷窑址
虎山青瓷窑址
庙山青瓷窑址
朝东台门
庞家台门
李王台门
碑版
越［州］山阴县新建广陵斗门记
修汉太守马君庙记
本境里社祠址记
梅湖老祠堂碑记
周氏祠堂记
清乾隆御题清水亭诗碑
救荒碑记
钱清护国寺斋僧田碑记
观音大士救苦神咒
出土文物
钱清十景
寺院禅林
禅寺
庙宇
风土风情
习俗
地名考略

名士之乡

名宦人家
梅湖陆氏
前梅高氏
东塘王氏
前梅周氏
遗风后漏徐氏
新田（甸）施氏
钱清钟氏
渔后陈氏
名人与钱清
域外名人
本籍名人
乡里贤达

艺文

杂记
钱清盐场厅壁记
钱清江浮桥记
重修钱清桥大新桥记
敕建高五王祠记
赠（追）封御制七道
五王祠祭考
刘太守祠
陆氏大宗祠记
明英宗敕奖二道
封植堂记
新田施氏宗祠碑记
崇福寺遗迹志略
山阴县知县林令禁止开垦梅湖示
诗词

钱清江
杨柳枝词
堂中戒石诗
柳桥秋夜
钱清夜渡
舟行钱清柯桥之间
丁未除夕前二日休假感怀二首（其二）
雪山
夜漏欲尽行度浮桥至钱清驿待舟
清白堂
命上会稽，沿途所历，舟中随书二十首（选两首）
渔父词（选两首）
过钱清江
马太守庙
钱清王千里得王大令保母砖刻为赋长句
刘太守庙
夜抵江上候船至晓始行
野老行送陈大户
夜发钱清江
钱清江谒刘宠庙
钱清太守祠
马太守庙
游牛峰寺二首
夜宿浮峰次谦之韵
游牛峰寺绝句四首
太守祠
太守庙
题刘宠墓
画桥

楹联

清水亭柱联
九岩广溪桥桥联
珠墅村普济庵柱联
马太守庙柱联（一）
马太守庙柱联（二）
虎象村戏台柱联
里枢村戏台柱联
仙岩禅寺柱联
狮林禅寺柱联
万福寺柱联
浙光中学校训

谱牒序

陆氏宗谱序
南渡高氏宗谱序
山阴王氏宗谱跋
续修统谱序
牛峰派李氏宗谱序

大事纪略

秦始皇东巡会稽
马臻围筑鉴湖
刘宠选钱投江
贺循开凿运河
孟简修筑纤道
董昌自戮钱清
钱清始属二县

陆轸始建书院
钱清盐场肇始北宋
宋高宗钱清拒金兵
王佐状元及第
元明兵戈抱姑堰
周氏一门同胞四进士
胡宗宪设伏智歼倭寇
乾隆赋诗《钱清镇》
太平军入钱清
高举农运义旗
日军暴行
创办私立浙光中学
钱清区委成立
遭受强台风袭击
成立人民公社
大办农村食堂
支援宁夏建设
新挖三条河道
移民海涂开发
推行农田承包政策
兰花电视机出口
实施九年制义务教育
钱清热电厂建成
撤区扩镇并乡
墅后村首建农民别墅群
轻纺原料市场建成
西小江立交桥建成
始行殡葬改革
安置小舜江库区移民
年出口创汇首超 1 亿美元
行政村规模调整
创办民工子弟学校
实现村村通公交
荣膺“全国文明镇”称号
建设现代化小城市
启动建设运河活水工程
钱清中学撤后重建
大运河申遗成功
钱东小学落成

附录

中华人民共和国各历史时期钱清镇党政负责人名录
新中国成立后至公社化前（1950.3—1958.10）负责人名录
公社化时期（1958.10—1961.9）负责人名录
重设区委至撤区、扩镇、并乡前（1961.9—1992.5）负责人名录
撤区、扩镇、并乡后（1992.5—2014.12）负责人名录

编纂始末

锦丰镇志

金沙洲上大锦丰

锦丰镇情

区位交通

建置区划

建置沿革

行政村

社区

人口

人口总量

流动人口

姓氏

自然环境

地质

地貌

气候

水文 · 水系

社会经济

镇域经济

农业

工业

商贸服务业

文化教育

体育卫生

人民生活

沙洲围垦

积涨

围圩

筑坝

北夹诸坝

南夹诸坝

成陆

寿兴沙

常兴沙

福兴沙

青屏沙

东盈沙

天福沙

带子沙

庆凝沙

盘篮沙

东兴沙

横墩沙

关丝沙

蕉沙

刘海沙

恤菁沙

登瀛沙

成河

一干河

二干河

三干河

南中心河

北中心河

常通港

水利

江堤工程

护岸工程

节制工程

垦殖

地膜棉栽培

千亩设施蔬菜示范园

沿江千亩枇杷基地

万亩稻麦增产高效示范片

金沙洲生态农业示范园区

沙洲钢城

产业基地

窗框钢生产基地

棒材生产基地

高速线材生产基地

不锈钢生产基地

板材生产基地

装备工艺

生产装备

先进工艺

钢铁物流

钢材仓储

物流配送

延伸加工

金融服务

电子商务

保税物流

商务设施

特色产业

医疗器械制造业

手术器械制造

骨科器械制造

饮（塑）料机械制造业

饮料机械制造
塑料机械制造
玻璃制造及加工业
玻璃制造
玻璃加工
电解铜制造业
生产装备
产品产量

沙洲新城

新城规划
基础设施
道路
桥梁
给排水管网
燃气管道
公园广场
中央公园
滨河公园
泓南广场
公共建筑
沙洲新城展示馆
德美幼儿园
合兴小学
大南邻里中心
观光塔
大南水街
沙洲大厦
汽车后市场产业园
居住区建设
安置房
商品房
金沙洲生态乐园
张家港田园风光国际度假村
玫瑰园
香草园
香水莲花种植观赏基地
金南港农业科普园
鸿春锦上添花园
金新城休闲度假农庄
顺飞农渔农庄

沙上文化

沙上乡音
老沙话
新沙话
沙上风俗
节日习俗
三月廿八水太太庙会
锦丰乡老人节
三兴元宵锣鼓
沙上唱春
摸壁鬼
沙上山歌
沙上号子
沙上故事

沙上宝卷
沙上童谣
沙上童趣
上梁“说合子”
闹新房与捉扒灰
认寄亲
沙上粽子
沙上盐齑
保护传承
研究与保护
沙上文化艺术节
沙上文化展馆
奇观逸闻
海市蜃楼
刘海沙名称之由来
小秦王鞭山
叉天灯的传说
畚不完的谷粮囤
年三十晚屋上插柏枝
三鱼进江的传说
拼死吃河豚
公婆考媳妇
落水鬼桥的故事
螺蛳仙姑
慈姑仙子的传说
锦丰“四知堂”杨氏族谱
地名考略
九龙镇与南兴镇
土地镇
鸭污桥
牛市街
十二圩港镇
麒麟镇
雁鸿镇
庞家桥镇
郁家桥镇
盐行头与雁行头
西界港镇
中兴街
悦来镇
特色餐饮
烧河豚
沙上羊肉
蟛蜞豆腐羹
清水螺蛳
面拖蟹
刀鱼馄饨
沙上年糕
馓子
脆饼
土特名产
刀鱼
鲥鱼
河豚
长江蟹
鮰鱼
鲚鱼
面杖鱼

花鲈
鲻鱼
白虾
香梗芋
芦穄
桑葚

锦丰名人

人物传略
曹钧培
公羊寿
虞载石
曹仲道
陈石泉
冯有真
陈一白
张道行
耿兆麟
蔡汝楫
杨知方
何伟钦
陈肯
徐振东
章申
孙玉芳
名人与锦丰
张謇与锦丰保坍
钱召诵与沙洲围垦
曾朴的沙上情
杨同时与沙上教育
杨在田造锦丰镇
刘少奇在十一圩港
钱仲联执教沙中
沈文荣与沙钢集团

诗文著作

诗咏
江涨
沙上
春日野步书田家
沙屿晚渡
江上杂咏（二首）
渡江见段山有感
江口晚发
沙洲晚步诗
行部沙洲
望寿兴沙洲
登段山
段山
食河豚
渔唱
碑刻
护提示禁碑碑文
长江江堤达标工程纪念碑碑文
沙钢集团“世纪第一钟”铭文
沙上文化丛书

《沙上春秋》

《中国·沙上宝卷集》

《独特的老沙话》

沙上文化系列丛书

镇志·地名志

图片集锦

著作目录

大事纪略

修筑北夹海坝

修筑十苏王公路

杨知方策反伪商团

1941 年成立沙洲县抗日民主政府

大南中学建校

抗战时期的常家埭地洞

建成“天下第一农乐园”——锦丰农乐园

成立江苏扬子江国际冶金工业园

锦丰科技创业园成为江苏省高新技术创业服务中心

2011 年锦丰镇获批中国绿色名镇

青草巷农副产品批发市场成为农业部定点市场

开办滨江公益坊——困境儿童的乐园

附录

锦丰为民办好事情况调查

中共中央办公厅转发江苏省委政策研究室《关于沙洲县各级干部为农民办好事的情况调查报告》的通知

江苏省委政策研究室《关于沙洲县各级干部为农民办好事的情况调查报告》

锦丰社会保障工作调查

关于沙洲县锦丰乡统管社会保障工作的调查报告

沙洲县锦丰乡社会保障管理体制和服务体系的情况调查报告

坚持改革，努力探索基层社会保障工作的新路子

主要参考文献

编纂始末

阳澄湖镇志

相逢阳澄湖

基本镇情

建置区划

建置沿革

行政区划

区位交通

区位

交通

自然环境

地质

地貌

水系

气候

人口

人口规模

民族构成

人口变动

姓氏构成

社会经济

综合实力

经济功能区

社会保障

养老保险

医疗保险

失地（水）农民保障

五保户供养

残疾人保障

居民生活

文化教育

医疗卫生

居民收入

居民消费

行政村

枪堂村

沈周村

戴溇村

圣堂村

十图村

岸山村

陆巷村

北前村

车渡村

消泾村

清水村

新泾村

洋沟溇村

莲花村

渔业村

社区

湘苑社区

澄苑社区

洄泾社区

阳澄湖畔社区

阳澄湖

湖貌

历史形成

侵蚀扩展

形成面积

湖中岛屿

出入湖河港

水文特征

湖中资源

生态建设

退田还湖

拆除网围

湖岸湿地建设

景点生态湿地建设

岸线修复工程

河道疏浚整治

生态补偿

保护阳澄湖

清理清水东港船只

整治莲花村船餐

投放水产品净化水质

治理工业污水

治理农田面源污染

治理畜禽养殖业污染

治理生活污水

大闸蟹之乡

大闸蟹特征

名字来历

外观

生活习性

大闸蟹养殖

养殖起因

人工养殖

蟹苗培育

大闸蟹捕捉

闸灯候捉

丝网捕捉
汽灯照叉
挑罾提捉
铁钩洞捉
潜水抓捉
临岸网捕
地笼捕蟹
大闸蟹营销
交易市场
网络销售
市场价格
品牌商标
防伪标志
暂养
运输
挑选大闸蟹
季节要求
择蟹要领
大闸蟹菜肴
蒸蟹
面拖蟹
醉蟹
芙蓉蟹
蟹粉菜点
食用禁忌
蟹八件
产业效应
从业人员
旅游餐饮业发展

水产业

养殖方式
池塘养殖
湖河养殖
网箱养殖
栏（围）网养殖
名贵水产品养殖
甲鱼养殖
鳜鱼养殖
加州鲈鱼养殖
青虾养殖
白对虾养殖
海外鱼类养殖
水产业实体
民营水产企业
水产合作社
集体公司
捕捞方式
快丝网
丝网
拖虾网
杠网
罟网
撒网
麦钓
地笼网
簖

虾笼鳝笼

退水笼

鸬鹚捕鱼

引鲤鱼

做鱼窠

捕捞渔船

放鸟船

箭网船

撒网船

杠网船

抄网船

刺网船

夹网船

拖网船

麦钓船

虾笼船

渔家船

鱼汛

梅鲚汛

白鱼汛

青虾汛

鲤鱼汛

鲫鱼汛

青鱼、草鱼、鲢鱼、鳙鱼、鳊鱼汛

蟹汛

休闲旅游

莲花岛景区

忆园

三元府第

水车阵

西渚生态公园

观光栈道

阳澄湖环湖游

“美人腿”半岛景区

春晖香草园

美人腿紫荆园

梦想清水园

美人腿生态农庄

阳澄湖公园

上字圩果树园

北部湾景区

生态景观带

农耕体验基地

休闲垂钓区

老街风貌

湘城老街

观桥

弄堂

市河

文昌阁

湘城粮仓

湘园

紫薇园

寺庙礼佛

药师庙

皇罗禅寺

妙智庵
圣堂寺
灵应观
节庆活动
油菜花观赏节
彩稻艺术节
大闸蟹开捕节
旅游服务
渔家乐餐饮业
精品民宿
酒店宾馆
旅游集散中心

阳澄渔歌

渔歌源流
发源河底村
传唱区域
特色风格
语言特色
结构特点
内容与形式
挖掘整理
采集收录
出版《阳澄渔歌》
宣传推广
传承保护
传唱演出
传承基地
传承群体

风情风俗

美食
湖八鲜
湘城爊鹅
鸡汤碗
走油肉
冰葫芦
爊田螺
糕点
湘城麻饼
印糕
黄松糕
五月粽
撑腰糕
沺泾大饼
八珍糕
土特产品
河蚬
阳澄生态大米
阳澄米酒
阳澄甜酒酿
豆瓣甜面酱
非遗技艺
刘一鸣砖雕制作技艺
巧生炉制作技艺
余庆堂家具制作技艺

民间习俗

渔民生产习俗

渔民生活习俗

其他习俗

方言

大闸蟹歇后语

沈周

生平

沈氏族系

开创文人写意山水

写景山水画

花鸟人物画

画诗合一

传世作品

墓址墓碑

沈周墓

沈隐士石田先生墓志铭碑

故沈良琛妻徐氏墓志铭碑

沈氏墓碑刻亭记碑

沈周效应

吴门画派

吴门画派研究会

启南书画苑

纪念性地名

人物

历史名人

张伯颜

姚广孝

都穆

高玉驹

钱棨

陆肇域

高翔麟

李逢辰

李恒嵩

施兆麟

严雪亭

施之新

钱永庚

邹桃元

名人与名镇

陆内史“放粮济民”

吴宽在京城宣传沈周画

沈德潜设帐杨家浜

陈鹤在阳澄湖开展抗日

口述阳澄

养蟹人谈大闸蟹养殖史

五湖四海一网联

古风长咏赋新韵

精雕精琢　巧夺天工

艺文

美文

万物生长靠太阳

芦苇，我亲爱的朋友

水岸线

诗歌

阳城湖

寄道衍上人

过阳城田家

寄周鹤林

渡阳澄湖

题有竹居

寄沈同斋

过相城

奉和陶庵世父留题有竹别业韵

和石田韵

赠周鹤林羽士

行次相城有感

和石田题王浚之画图

游阳城湖上晚步

宿相城有怀石田先生

沈周画

阳城八景（选三）

冒雨自相城至四泾

泛杨城湖

谒沈石田墓

渡阳城湖至沺泾三家村舅家

苏游杂诗八首（选一）

美哉，阳澄湖（选录两节）

著作目录

大事纪略

伍子胥“相土尝水”

盛泽荡修筑长坝

淞沪抗战爆发，境内修筑碉堡

“江抗”在阳澄湖战斗

阳澄湖形成之前境内已有古村落

吴县最早试行农业生产分组定额包工的生产队

农耕经济的变迁——沺泾不再种植棉花

1992 年阳澄湖建起跨湖大桥

2004 年湘城、阳澄湖两镇合并

水乡建成公路网

2009 年全国征文、摄影大赛展示阳澄湖镇独特乡土风情

2012 年“神舟”九号功臣返故乡

主要参考文献

编纂始末

泽国镇志

概述

基本镇情

历史沿革
自然环境
山丘河流
气候
物候
附：农谚
土壤植被
动物植物
人口与姓氏
人口总量
人口构成
文化状况
婚姻状况
支宁人口
知青人口
附：知青名单
移民安置
姓氏分布
姓氏源流
基础设施
交通
供电
供水
供气
邮政电信
居民生活
居民收入
衣食住行

生态水乡

城镇建设
总体规划
专项规划
城区建设
村庄建设
森林泽国
植树造林
城乡绿化
环境整治
水环境整治

固废拆解业整治

工业强镇

所有制结构
民营工业
乡村集体工业
市属集体工业
国有工业
中国民族鞋业之乡
中国小型空压机之乡
中国铝塑复合建筑材料之乡
中国汽车零部件生产出口基地
其他工业
机械电器
冶炼金属制品
光学电子
酿造业
建筑业
服装业
帽业
重点企业与名优产品
重点企业
名优产品

商贸重镇

商业体制
私营商业
集体商业
国有商业
商品市场
旧时集市
新中国成立后集市
夜市
店铺
专业市场
超市
商贸服务

文教卫体

文化
文化场馆
图书阅览场所
戏曲演出
教育
书院
学塾
义塾
私塾
幼儿教育
小学教育
中学教育
中等职业教育
成人教育
卫生
医疗卫生机构

疾病防控

妇幼保健

体育

传统体育运动

全民健身活动

体育运动会

体育健将

名胜古迹

风景名胜

丹崖山景区

牧屿山景区

天皇山景区

郑庄八景

文物古迹

石器遗存

古铸器物

古墓

古桥

古闸

古匾

古碑

古民居

古戏台

风土风情

传统手工业产品制作技艺

棒香制作技艺

粗纸制作技艺

戥秤制作技艺

陶器制作技艺

屋瓦制作技艺

薯面制作技艺

米面制作技艺

草帽制作技艺

小刀制作技艺

风味小吃

嵌糕

炒年糕

方糕

番薯糕

鸡蛋麻糍

乌饭麻糍

炊圆

炒糯米圆

酒酿汤圆

菁团

炒炊饭

炒米面

拭饼

绿豆面碎

菁草糊

石莲糊

糊糟羹

土特名产

温联果蔗

黑晶杨梅
月桂黄酒
棱花皮蛋
民俗
岁时习俗
礼仪习俗
生产习俗
宗祠宗谱
宗祠
宗谱
宗教信仰
佛教
道教
基督教
天主教
民间文艺
台阁（平杠）
梗杠
踏地
高跷
卖水果
千秋杠
舞龙
舞狮
天皇花鼓
秧歌舞
滚狗
锣鼓班
鼓手班
唱道情
莲花落
酒尺
排街
管乐队
孩童游戏
捉梭
捉子
斗草
追水鬼
老鹰抓小鸡
抢廊柱
摸清盲
跳猢狲
田歌童谣
田歌
童谣
方言
日常词汇
惯用语
谚语
歇后语
历史地名
泽库
前炉、后炉
下樟桥
楼下
官路
扁屿

桥头伍
下珠山
三株松
天皇
丹雁头
西桐
湖亭
上孚李
水次洋
一郎桥
光明
八份
洋肚
上汇头
新渎
牧屿
百步桥
联树
夹屿
安前
双桂桥
下小岘

文学艺术

文学
诗词选
文选
民间故事
艺术
书画
工艺美术
著作书目
宋代
元代
明代
清代
民国时期
中华人民共和国成立后

古镇名人

历史名人
毛鼎新
盛象翁
钟铭
鲍原弘
叶良佩
戚学标
叶鼎新
戚竹三
盛增辉
钟经圃
阮尚质
阮尚傅
金养泉
颜守民
金毅成

王建一
钟振鉴
陈兴祥
王省吾
李蕴
张直生
人物名录
进士举人名录
革命烈士英名录
黄埔军校同学录

大事纪略

开凿南官河
泽国冶铸业兴起
创办泽国云阳书院
修筑第一条公路
创办第一家西医医院
温岭发电始于泽国
温岭县青年战时服务团在泽国
“六一”大搜捕
中共泽国支部成立
泽国解放
台州农业职业学校迁入丹崖山
创办逢儒中学
日本侵略军侵扰泽国
活捉匪首王老度
黄茅山剿匪
围歼张云标股匪
歼灭悍匪张德胜
召开土地改革胜利大会
建立浙东南第一个拖拉机站
创办万人食堂
实行家庭联产承包责任制
全国首家股份合作制企业诞生
全面实施卫生改厕
村村通公路
牧南村土地股份合作制诞生
村村通公交车
泽国有了公共自行车

附录

家训祖训选
夹屿王氏家训十则
泽国陈氏祖训十则
村训村规民约选
下樟桥村村训
水澄村村规民约
牧南村土地股份合作公司章程

主要参考文献

编纂始末

唯亭街道志

吴韵源流长，湖滨新天堂

基本街情

建置区划

建置沿革

社区简介

自然地理

区位　交通

自然环境

地貌

土壤

气候

附：唯亭气象谚语

河流

湖泊

附：消失的湖泊

人口　民族

人口总量

人口变动

人口结构

民族

镇域经济

经济发展

社会事业

经济强镇

投入产出

发展投入

产出效益

产业定位

主导产业

新兴产业

现代服务业

支柱产业

电子信息

精密机械
生态环保
新能源
新材料
商贸商务
特色经济
外向型经济
上市经济
民营经济
科技创新
项目引领
企业创建
人才引进
技术研发
亲商服务
服务承诺
服务运作

湖滨新城

区域一体化
建设规划
基础设施
住房建设
园林绿化
亮化工程
管理模式
社会服务
城乡融合发展
动迁安置
就业转换
补助保养
社会保障
富民增收
收入消费
生活品质

草鞋山遗址

位置面积
遗址位置
遗址面积
发掘发现
发现保护
考古发掘
考古成果
文化积层
吴越文化
良渚文化
崧泽文化
马家浜文化
古稻田
分析定点
发掘研究

阳澄湖清水大闸蟹

蟹名由来

“蟹簖”说
“煠蟹”说
基本特征
青背
白肚
金爪
黄毛
生长环境
流动的水体
适度的水深
独特的水底
优良的水质
捕捉方法
闸灯候捕
丝网张捕
汽灯照戳
挑兜提捕
铁钩洞捕
潜水捕捉
灯光岸捕
地笼抓捕
烹饪方式
水煮
清蒸
毛豆籽面拖蟹
炒食
醉蟹
蟹橙酿
秃黄油
出蟹粉
食蟹
食蟹歌
品牌保护
加强管理
科学放养
螃蟹产量
规范销售
产地品鉴
蟹文化节
首届蟹文化节
第二届蟹文化节
第三届蟹文化节
第四届蟹文化节
第五届蟹文化节
第六届蟹文化节
第七届蟹文化节
第八届蟹文化节
第九届蟹文化节
第十届蟹文化节
第十一届蟹文化节

旅游

旅游景点
重元寺
重元寺老庙
园区天主教堂
莲池湖公园

仙樱湖公园
云杉湖公园
阳澄湖生态体育公园
浦田有机生态农业园
乙未亭
仁寿桥
状元泾桥
驷马泾桥
太平桥
长兴桥
旅游项目
环湖骑行
电影文化体验
空中体验
航模
太阳岛高尔夫俱乐部
旅游服务
旅游交通
宾馆酒店
餐饮
购物

民俗风物

岁时节令
春节
接财神
元宵节
百花生日
清明节
立夏
端午节
中秋节
重阳节
廿四夜
除夕
农俗
祭神
禁忌
方言俗语
方言
俗语
婚俗
请期
吃待嫁饭
“行嫁”
迎亲
铺床
拜堂
婚宴
闹新房
回门
两家并一家
庆典习俗
剃头酒
百日酒
周岁酒
筹头发

做寿
当头
水乡妇女服饰
包头
肚兜
靠身大襟衫
拼接衫裤
襡裙
襡腰
水乡绣花鞋
特产美食
特产
阳澄湖水产
名菜
时令小吃

名人与名镇

历史名人
高启
尤侗
宋德宜
归圣脉
吴玉麟
顾颉刚
顾廷龙
吴刚
沈孝元
汪荣生
宋鸿钊
沈蔚
吴绮
朱慧珍
潘志彤
夏渭良
张皓亮
世家
顾氏世家
王氏世家
名人与唯亭
蔡廷锴视察十九路军驻唯亭部队
翁照垣驻军唯亭得赞誉
郭沫若为跨塘中心小学题校名
沈金波潜伏外跨塘策应解放军
柯明、田原、苗地到唯亭公社采风
赵燕侠采风到唯亭
张芝华童年在唯亭
莫言为《娄江》题刊名
丹麦首相拉斯穆森偕夫人访问跨塘渔业村

艺文杂记

诗文选录
《唯亭八景》诗
夜至阳澄田家
唯亭（王鏊）
送何仲先移家唯亭
唯亭沽酒

过唯亭
唯亭归舟
唯亭夜泊
唯亭（李汾）
唯亭（朱丕成）
小唯亭
唯亭观潮
唯亭（董国华）
唯亭漫兴
唯亭杂咏四首
唯亭棹歌三十首
至和塘记
筑娄江石堤记
重建至和塘乙未亭记
寻访状元泾
船上功夫
掌故杂记
陆逊墓之真伪
石刻陀罗尼经幢的来历
“一桥两名”——阜民霖雨桥
夷陵山古今
《郑国公墓志铭》出土
沈藻采编纂《元和唯亭志》
潮到唯亭
唯亭山乡《爱乡歌》
唯亭昆曲“大章堂”班
小碉堡与大碉堡

大事纪略

吴王阖闾率军抵御东夷
宋代长洲、昆山两县合修至和塘
1932 年唯亭小学师生捐助东北抗日义勇军
1971 年阳澄湖大坝修建成功
中华人民共和国成立以来三次疏浚娄江
1996 年沪宁高速公路唯亭大桥建成通车
2005 年唯亭、跨塘两镇合并
2012 年撤镇、村建街道、社区

附录

曾获得的国家、省级荣誉
唯亭老街
跨塘老街
《唯亭古镇三里长街记实图》

编纂始末

特色镇

TESE ZHEN

三阳镇志

生态文明古镇

基本镇情

“三阳”名称来历

自然地理

地质

地貌

山脉

河流

土壤

气候

自然资源

土地资源

矿产资源

水资源

生物资源

旅游资源

建置

沿革

行政区划

集镇

村落

人口

姓氏

族谱

寿星

基础设施

水利

电力

交通

通信

物流

此篇目有删改。

城镇建设
经济发展
农业
工业
特色产业
商贸
财税
金融
政事
民主选举
民主决策
政企政事分开
廉政建设
依法行政
民生
教育
文化体育
医疗卫生与食品药品监督
劳动就业
收入分配
住房
社会保障
社会治安综合治理

生态环保

森林生态保护
森林资源
植树造林
森林植被恢复
生物多样性保护
野生植物保护
古树保护
野生动物保护
农业生态环境保护
生态农业建设
绿色食品及无公害农产品开发
环境监测与治理
环境质量
环境污染与防治
附：湖北省京山县环境监测站监测报告

生态村镇

生态镇村建设规划
生态建设总体规划
生态镇（村）创建规划
生态集镇建设
街道建设
集镇供水
旧城改造与小区建设
绿化亮化
环境卫生
环境基础设施建设
集镇管理
生态村庄建设
新农村居民点建设
村级组织办公活动场所建设

饮用水水源地治理
村庄生活污染治理
村庄绿化
秸秆综合利用
生态资源保护
黄家村示范工程

观鸟之乡

三阳野生鸟类
野生鸟种
国家一级保护动物（鸟类）
国家二级保护动物（鸟类）
三阳特色鸟类
观鸟队伍
组建观鸟队
《观鸟》教材与观鸟器材
寸草心乡村环境保护促进会
观鸟基地建设
三阳观鸟基地
三阳观鸟线路
观鸟爱鸟活动
观鸟爱鸟活动的兴起
观鸟爱鸟活动的发展
观鸟节
首届观鸟节
2012 年中国（京山）观鸟节
2013 年中国（京山）观鸟节
2014 年中国（京山）观鸟节
观鸟护鸟成果
单位荣誉
鸟类摄影获奖作品
附：兴观鸟爱鸟之风，务德育为先之实
媒体关注
观鸟活动获得众多媒体关注

生态产业

板栗
板栗种植历史
板栗病虫防治
板栗生产规模
香菇
段木香菇种植史
代料香菇种植史
香菇生产规模
橡子豆腐
橡子豆腐特点
橡子豆腐加工过程
油茶
油茶品种
油茶种植
茶油
花卉苗木产业
栽培品种
花卉苗木专业合作社
农业产业化建设
龙头企业
市场建设
香菇、板栗产业效益

乡土文化

历史文化遗址

贺畈屈家岭文化遗址

水磨畈古新市遗址

三王城遗址

绿林山与绿林寨遗址

太阳寺遗址

鄂中干校遗址

非物质文化遗产《善歌锣鼓》

《善歌锣鼓》的发现

流传区域

历史渊源

形式与内容

文化价值及影响

保护传承

民间文艺搜集整理

民间歌谣征集

民间传说故事整理

文艺演出

杂技

戏剧歌舞

附：接新郎（表演唱）

传统文艺

民俗方言

礼仪习俗

三阳婚俗

生育礼俗

寿辰礼俗

丧葬礼俗

生产习俗

种植习俗

饲养习俗

手工业习俗

生活习俗

服饰

饮食

居住

用具

方言

语音

用语

俗谚

名人与名镇

韩仕龙为民请命

张自忠三阳抗日

谢德超与三阳第一个中共党支部

张才千指挥“三阳店—宋河战役”

刘德洪魂系故里

英烈与平安三阳

美国专家与三阳板栗

石井修道与太阳寺情缘

公仆与三阳发展

乡贤与绿色产业

创业能人与家乡建设

詹从旭与观鸟之乡

乡土人才与三阳文化
残疾选手与三阳精神

艺文

观鸟文学
散文
诗歌
绿林文化
散文
诗歌
论文
其他艺文
小说
诗歌
民歌
楹联
民间传说故事

大事纪略

芈戎攻楚取新市
绿林起义
三阳中共党组织的建立与发展
抗击日本侵略军
三阳解放
建立合作社
建立人民公社
水利建设
推行家庭联产承包责任制
实现农民种田零负担
裁减冗员
落实林业生产责任制
打造生态板栗、香菇产业
恢复森林植被
淘汰关闭污染企业
“两转一推”兴产业
合班并校
保护饮用水水源地
随岳高速公路三阳段建成通车
观鸟之乡建设
推广黄家村循环农业配套技术
创建国家级生态乡镇

附录

三阳镇村名变更及主要村塆名称对照表
1944—2014年三阳镇烈士名录
三阳镇自助旅游图
三阳镇餐饮名店一览表
三阳镇特色客栈一览表

主要参考文献

编纂始末

天穆镇志

概述

基本镇情

建置区划

区位

隶属

区划

村庄

社区

自然地理

地质

地貌

土壤

河流

气候

人口变迁

人口总量

流动人口

就业转移

民族构成

主要姓氏

道路交通

公路

桥梁

铁路

工商业重镇

产业结构

第一产业由主变辅

第二产业由强变精

第三产业渐成支柱

资产规模

固定资产原值

固定资产投入

一区九园

基础设施

行业分布

园区集团

企业聚集

工程设计与印刷企业

机电制造企业

汽车零部件制造企业

建材制造企业

食品加工企业

电子电器生产企业

医疗用品生产企业

其他制造加工企业

名优产品

驰名商标产品

著名商标产品

知名产品

出口产品

楼宇经济

天辰大厦

中储大厦

专业市场

钢材类

汽车摩托车类

陶瓷建材类

服装鞋帽类

大型卖场

超级市场

综合商厦

星级酒店

酒楼

酒店

文化名镇

泳坛穆家军

领导关怀

穆家军领军人

主要成员

“天穆杯”全国小品展演

发展历程

剧本征集

展演成果

国家级重点中专——天津民族中专

民营医院的典范——北门医院

村办特色医院——天穆骨科医院

非物质文化遗产

霍嘴“平音法鼓老会”

穆氏传统戏法

闫记酱制品制作技艺

文物古迹

文物

古迹

牌匾碑碣

牌匾

碑碣

传统体育

游泳

摔跤

花毽
绘画书法
绘画
书法
雕塑
泥塑
雕刻
摄影篆刻
摄影
篆刻
车船模型

风土风情

民俗
婚俗
丧俗
回族习俗
方言
语音
语汇
部分回族词汇
宗教场所
天穆清真北寺
天穆清真南寺
柳滩清真寺
土特名产
白庙大芹菜
吴嘴小核桃纹白菜
工艺葫芦
怡侬床上用品
风味小吃
闫记酱制品
闫记烧鸡
老穆羊汤
穆记烧卖
羊肉粥
乌豆
枕头素卷圈
炒面
贴饽饽熬鱼
汆汆汤

宜居城镇

镇村规划
建设规划
环境规划
民居变迁
平房改造
城中村改造
住宅楼与小区
御河景观
滦水园
娱乐园
御河园
生态环境
水环境建设

市容环境综合整治
绿化建设
企业发展环境建设
民生设施
教育设施
文化设施
体育设施
卫生设施
公交设施
津宇客运站

名人选介

历史名人
正兴德茶庄创始人穆兴永
津门画师周让
武举陈国璧
地毯图案设计师李华堂
中国大戏院创建人孟少臣
起义将领王学颜
京剧大家周啸天
著名书法家龚望
骨科名医张家深
知青孙连华
名人与天穆镇
康熙御题孤云寺
乾隆钟情北运河
李鸿章撰联清真寺
毛泽东接见过的天穆人
李岚清盛赞联合办学
马三立支持民族中专教育

御河飘艺

诗词楹联
诗词
楹联
散文小品
散文
小品
谱牒
穆氏家谱
刘氏家谱
民间传说故事
富老汉脱险记
张天师除蟒北运河
先有穆家庄，后有金家窑
穆家庄的传说
白庙的传说
穆六巴与天齐庙
神力武举陈国璧
王庄圣佛庙传奇
南仓花鼓会轶事

大事纪略

漕运仓廒
内河民运

庚子之役在天穆
天穆回族始津门
柳滩村义教
天穆人民支前
津沽支队回民大队
天齐庙破袭战
平津战役与天穆
国民党军火烧天齐庙、穆家庄等村
村建中共党支部
柳滩为土改示范村
天穆村成立
建立天穆村回族自治乡
形成白庙工业区
天穆公社组建
开挖丰产河
建天穆镇
天穆食品商业街落成
两捧“大地杯”
开辟天穆镇铁东工业园（都市产业园）
民族中专建立
党委示范点
全国文明乡镇示范点
镇内第一个消失的自然村——南仓村
穆祥雄当选为奥林匹克会旗执旗手
天辰大厦屹立北运河畔
全国群众文化品牌——“天穆杯”小品

附录

主要参考文献

编纂始末

汤池镇志

天上瑶池　人间汤池

基本镇情

区位

建置沿革

行政区划

区域变更

行政村概况

地理

地质地貌

气候特征

自然资源

自然灾害

人口

人口数量与分布

人口变动

老年人口

政治组织机构与社会团体

中共汤池镇委员会

人民代表大会

汤池镇人民政府

政协工作委员会

社会团体

经济概况

农业

林业

乡镇企业与民营经济

金融

基础设施与公用事业

水利工程

公路建设

环境整治

此篇目有删改。

供电供水

邮政　电信

人民生活

旧时人民生活

新时代居民生活

华东第一泉

汤池温泉

温泉成因

特征与化学成分

医疗价值

原生态温泉利用

民用温泉

农业利用

温泉综合利用

地震测报与研究

疗养健身

千古名刹·山水茶乡

宗教名刹

佛教

道教

山水茶乡

山

水

茶

旅游

旅游资源

旅游景点

旅游文化

旅游产业

旅游特色

旅游规划

旅游开发

名胜古迹

名胜景区

旅游节庆

旅游服务

旅游服务中心

住宿

美食餐饮

文化娱乐

交通

镇村建设

镇区建设

古镇老街

招商引资

改造旧镇

扩建新街

美好乡村建设

乡村规划

示范建设
中心村和居民新村建设
重点村建设
果树老街古村落
百花绿色小康村

古今商贸

老字号商业
鱼市
当铺
柴草市
米行
瓷货店
糖坊
糕饼店
染坊
油坊
糟坊
面坊
小猪行
茶行
黄烟店
柳树园“关帝庙会”
商业新貌
特色商业街
建材装饰一条街
购物餐饮一条街
摄影花市一条街
茶市一条街
金融综合一条街
合肥汤池美食一条街
工艺文化一条街
服装步行街
四大贸易市场
农贸市场
农副产品综合市场
茶叶大市场
畜禽交易市场

文化教育

教育
私塾教育
学前教育
小学教育
中学教育
成人教育
群众文艺活动
文化机构
文化活动
民间艺术
民间歌谣
文学创作
文学作品
美术
书法
摄影

民间传说
罗仕先生
江仙姑
抱儿笼地名由来
三才子吟诗戏康熙
狠汉桥

风土民情

美食小吃
地方风味
传统名菜
特色小吃
土特名产
汤池名茶
稀世山珍
生活习俗
饮食
服饰
居住
岁时节俗
春节
元宵节
清明节
端午节
中秋节
重阳节
冬至
腊八
送灶
除夕
传统风俗
农业
工商业
礼仪民俗
婚姻
生育
建房
丧事
陋俗避讳
乡土方言
方言土语
歇后语

军事要塞

古代战事
荷包山之战
新四军江北指挥部
主要活动
军民情深
抗日之声
新四军江北指挥部纪念馆
汤池驻军

汤池人物

胡氏官宦之家

胡观澜
胡锜
胡光林
胡稷
胡祖谦
人物传
王蕃
夏尚忠
蔡邦清
江惟仁
熊先野
夏云扬
朱立贵
李政宽
严陵
王仲湘
严鸿基
江奇武
朱文奎
江志永
柏子隆
伍伯涵
芮范荪
严永潮
林克
王晓曾
乡贤简介
熊健
徐方恒
王善彰
杜艾元
谭守疆
夏明富
严永龙
吕正凡
严从怀
唐述道
吕明新
陈悦东
鲁世山
花凯
宋劲松
张文杰
名人与汤池
王蕃智退曹兵
三名士巧遇汤池
百花寨吴长庆发迹
王秀才访友寻路
严凤英演出《天仙配》

艺　文

诗选
咏汤坑泉
张良衣冠冢
二姑峰白云庵
词选
临江仙·金汤湖

巫山一段云·金汤湖岸望家乡
南歌子·马槽赞
鹧鸪天·舒庐干渠
西江月·果树颂
楹联
金汤湖
马槽山
白云禅寺
杂文、散文
温泉序
王安石《咏汤坑泉》浅释
咏汤坑泉
红红枫香树
《汤池旅游》（节选）

杂　记

汤池志谱简介
汤池区、乡修志纪略
民间修谱
泗州庵沉浮记
凤凰古井
“刀切羊肉面”与“刁功半内回”
杜二奶“摸冷”捕鱼

大事纪略

太平军占领百花寨
中日激战荷包山
新四军江北指挥部在严家松园成立
庐江民主县政府迁至汤池果树
镇馆之宝——吴王光剑
电影《野妈妈》全程在汤池拍摄
朱镕基听取汤池代表汇报
穆加贝总统亲栽友谊树
世界模特小姐巡游汤池
少林功夫进汤池
央视拍摄汤池专题片
果树老街年货节
国轩温泉宫开业庆典
汤池入选中国最美村镇

编纂始末

德凤镇志

侗乡之都　曙光之城

双凤朝阳

地理　沿革

地理

沿革

社区　行政村

社区

行政村

镇域经济

黔府楚卫

五开卫

五开设卫

卫城构筑

卫辖所屯

黎平府

黎平建府

府辖司地

黔府楚卫　府卫同城

黎平县

黎平县公署

黎平县人民政府

翘街古韵

明清府城风貌

儒家礼制总体布局

十三厢设置

四合院布局

城门　翘街

东城门　南城门

翘街街区

四合院　封火墙

蒋家四合院

左家四合院
何家四合院
李家四合院
宗祠　庙宇
文庙大成殿
何公祠
宋氏宗祠
周氏宗祠
会馆　商铺
两湖会馆
九如堂药铺
蒋周商铺
古井
双井
大井
神鱼井
官来井
名匾
诞敷文德
绩著平成
泽沛三楚
惟善为宝
水天一柱
河清海晏
利益均沾
万古平成
泽沛江湖
无远弗届
万事永赖
福庇南宁
种德收福
黔东首隽
革命遗址
中国历史文化名街

侗乡之都

侗族语言
侗族风俗
居住习俗
婚育习俗
丧葬习俗
侗族建筑
鼓楼
花桥
吊脚木楼
侗族服饰
侗锦
服饰
银饰
全球重要农业文化遗产——侗族“稻鱼鸭”生态农业系统
人类非物质文化遗产——侗族大歌
侗族大歌
侗族大歌申报人类非物质文化遗产
侗族大歌入选“人类非物质文化遗产代表作名录”
附 1:《侗族大歌申遗文本》纲要

附 2：侗族大歌选录
黎平汉语方言
基本语音
方言特征
来源与成因
使用范围
汉族风俗
居住习俗
婚育习俗
丧葬习俗
德凤节会
三月三
四月八
南泉山庙会
黎平 · 中国侗族鼓楼文化艺术节
美食　特产
腌鱼　腌肉
牛瘪　羊瘪
血红　烧鱼
侗家油茶
侗果
沧浪圆
黎平绞瓜
黎平雀舌茶
黎平香禾糯
黎平茯苓
文化教育
侗族传统教育
古代汉文化教育
科考进士名表
民国时期学校教育
中华人民共和国成立后学校教育

红色记忆

红军转战德凤
红六军团转战德凤
中央红军转战德凤
红军战斗遗址
樟树坳战斗遗址
五里桥战斗遗址
羊角岩战斗遗址
翘街革命遗址
黎平会议会址
毛泽东住址
红军干部休养连旧址
中央红军教导师驻址
红军广场
黎平会议纪念馆
黎平会议
黎平会议背景
黎平会议主要内容
黎平会议历史意义
黎平军事整编
《关于取消第二纵队，合编第一、二纵队的命令》
《关于红八军团并入五军团的决定及其办法》

红军在德凤的故事
“黎平会议”学术讨论会

风景名胜

自然景观
德凤（黎平）八景
八舟河景区
五里江景区
人文景观
翘街
南泉山
萨玛园
城中休闲广场
侗族大歌实景展演园
南泉山文化广场
蒲洞村景区
名人墓冢
陆沧浪墓
梅友月墓
龙起雷墓
何腾蛟墓
石刻
石门
镇江王碑
永远示禁碑
公议禁止碑
唐家修府君神道碑
旌表碑
彤管书贞
重修两湖会馆功德碑
朱占元神道碑
鲁班会公议刊碑
玉带桥碑
浩气长存
景区旅游线路
红色文化旅游线路
城内古井观光线路
翘街古城历史文化游线路
侗族风情三日游线路
自然与人文景观线路
八舟河景区体验旅游线路
自然风光、人文景观、侗族风情三日游线路
侗族风情四日游线路
苗族、侗族风情四日游线路
旅游服务
旅游接待
行业管理

古城新貌

古城区保护
重点保护街区
翘街历史文化街区风貌修复
城镇建设规划
1985 年—2000 年规划修编
2009 年规划修编框架
“侗乡之都”策划

城镇建设
老城区更新改造
北门新区建设
城南新区建设
新城区路网建设
黎平机场建设
机场项目落户
机场设计
机场工程建设
机场通航
高速公路
黎洛高速公路
三黎高速公路
村村通工程

名镇名人

历史名人
吴勉
石平和
陆沧浪
梅友月
龙起雷
何腾蛟
朱万年
胡林翼
胡长新
王开媛
周伯良
石朝胜
名师巧匠
张吉昌
顾泽圣
蒋宪瑶
廖铭
吴应国
张承正
许定超
顾学尧

诗文荟萃

散记
北塔碑记
成德桥碑记
何文烈公祠记
考试分棚疏
杉君子传并序
重修两湖会馆功德碑序
大歌楼记
红色翘街
翘街，走进一段红色的记忆
诗词　歌赋
五开赋
南泉山赋
新黎平赋
草堂诗
王少伯墓

大埠桥尽节口吟一律
泮池莲
南泉山八景总咏
黎平竹枝词
黎平木诗——赠胡生子何
黎平所怀古
浪淘沙·游南泉山
万福山迎春
九曲河
双井
楹联
南泉山寺楹联
周氏宗祠楹联
禹王宫楹联
文庙楹联
翘街牌坊楹联
黎平会议会址楹联
城关一小楹联
黎平一中楹联
南泉山文化广场楹联
萨玛园楹联
蒲洞楹联
姓氏谱牒
《周氏宗谱》选录
《蒋氏族谱》选录
《石氏族谱》选录
《龙氏族谱》选录
《刘氏宗谱》选录
《张氏家谱》选录
《杨再思氏族通志》选录

大事纪略

明洪武十八年五开卫设立
明永乐十一年黎平府设立
清雍正五年五开卫改开泰县
1913 年废黎平府设黎平县
1934 年中共中央政治局黎平会议
1939 年德凤镇设立
中国人民解放军解放黎平
2004 年黎平侗乡风景名胜区被命名为“国家重点风景名胜区”
2009 年侗族大歌入选“人类非物质文化遗产代表作名录”
2011 年翘街入选第三届“中国历史文化名街名录”
黎平机场建设
高速公路建设

附录

人民解放军第一次解放黎平
人民解放军第二次解放黎平——黎榕从合围

主要参考文献

编纂始末

保安镇志

古镇·新城·水乡

基本镇情

区位交通

建置区划

村落集市

村落

小集市

自然环境

山丘

湖港

气候

日照

气温

降水

四季

附：保安农业谚语

自然资源

土地资源

矿产资源

物产资源

人口

人口总量

外来人口

姓氏

千年古镇

古镇格局

三街

七巷

两港

古镇遗迹

九口塘

五座铜门

四座古桥

洪山寺

荆王庙

三义殿

五显楼

古三元阁
古一笠庵
古准提阁
朱爷庙
天符庙
太岁祠
白土堡
五龙祠
宏化祠
土地庙
福音堂
祠堂
外委署
保安铜堤
龟山遗址
蝴蝶山遗址
螺丝山遗址
古镇水运
古码头与渡口
保安船帮
水运历史
古镇商贸
商贸概况
福康药店
附：靛行巷琐谈

宜居新城

城镇规划
发展目标与战略
发展方向
古镇历史文化保护
城镇建设
道路建设
房屋建设
公共设施建设
工业园区建设
金塘工业园
城东工业园
电子产业园
石雕文化产业园
城镇管理
城管中队
环卫所
民生工程
居民生活
医疗卫生
文化
教育
体育

诗联之乡

诗词文化
诗词文化的传承
诗词楹联学会
“中华诗词之乡”创建
诗词文化活动

刘煌庄诗联学校
楹联文化
楹联文化的传承
楹联普及示范基地
楹联文化节
送春联活动
楹联文化所取得的荣誉

石雕基地

石雕传承
历史溯源
石雕种类
传承保护
艺术创作
古代石雕创作
现代石雕创作
雕刻技艺
雕刻工具
雕刻流程
雕刻技法
艺术风格
构思新颖，不拘一格
刻工细腻，生动传神
手法多样，融会贯通
想象丰富，造型夸张
名匠名作
石雕珍品:《关帝诗竹碑》
镇村之宝:《渔樵耕读碑》
全国城市最佳雕塑：武汉东湖寓言组塑
“非遗”优秀参展项目：杭州育才桥
杭州 G20 峰会主会场石桥栏杆工程
青石《麒麟》走秀首届“非遗”博览会
鄂东南风情组雕惊艳国际矿冶文化节
石雕产业
杭州杭泰石材装饰有限公司
武汉市龙飞石业有限责任公司
湖北广茂石材有限公司
湖北广顺石雕工艺有限公司

乡村旅游

景区景点
沼山风景区
金竹谷风景区
保安湖
保安九号养生山庄
秀水湾生态园
圣水庄园
荷田公园
枫彩四季生态观光园
中国古村落——刘通湾
尹解元石雕艺术广场
古窑遗址群
荆王墓
沼山大寺
金谷寺
三元阁

准提阁
青梅寺
保安普世堂
保安感恩堂
旅游节会
桃花旅游节
采桃节
荷花节
名品名吃
保安水芹菜
保安狗血桃
保安湘莲
保安湖王蟹
武昌鱼
保安鱼丸
鱼面
鱼糕
豆折
雪枣
梭子
豌豆粑
保安风干鱼

乡土风情

龙舟会
盛会筹备
盛会前奏
盛会概况
传统节日习俗
春节
二月二
花朝节
春社
踏青节
寒食节
清明节
端午节
天贶节
中元节
中秋节
重阳节
生产生活习俗
建房习俗
婚姻习俗
生庆习俗
丧葬习俗
民间禁忌
传统娱乐
玩龙灯
采莲船
双推车
双抛球
戏蚌壳
五马破曹
耍狮子
保安字牌
民间文艺

保安牌子锣
插田锣鼓
戏剧
歌谣
方言土语
方言特点

保安人物

人物传
冯京
冯瑞
金丽珍
吴凤辉
朱国桢
张伯调
雷汉伟
刘锐
程贤家
龙德义
王雨清
刘敏
彭志龙
名人与保安
汉荆王刘贾葬于毛家嘴
唐曹王李皋保安平叛
黄巢屯兵王霸山
张裕钊古镇留墨宝
张体学到保安

艺文

诗词
沼山冬夜
登沼山寺尹茂才携酌
登沼山寺
坐沼山静室
别横山诸子少坐水月庵
步三元阁柳堤
在柯逢时家设馆四年念别
题刘涵三五十自寿
保安三元阁即席
晨起望塔
秋兴
游沼山
留别诸生（杨雨斋）
留别诸生（杜星符）
芦洲渔火
浣溪沙·咏保安镇遗址遗风
乡讯至后作
保安史诗
虞美人·忆保安
乡村晚眺
与诸友游沼山
西江月·保安三元阁八景
沼山叠翠
秋日保安湖远眺
横山写望

覆盆顶一瞥
上沼山
保安暮春晚眺
望江南·横山
沼山
沼山吟
沼山晚眺
咏沼山
沼山北门望月
保安高溪畈
绣花墩
临江仙·故乡
保安栀子时节
登沼山
株树吟咏
题沼山水库
题三元阁
赞梅山
沼山揽胜
与刘煌同仁共创“中华诗联之庄”
望海潮·今日保安
晚下梅山
浪淘沙·游保安湖国家湿地公园
游桃树山庄
鹧鸪天·祝《三元阁诗联》付梓
题保安《三元阁诗联》
咏樊湖
贺保安诗联学会成立
游秀水湾生态园
春访保安
樊湖纪事
保安镇怀古
采桑子·刘通庄
春日游桃树林场
保安行吟
沼山览胜
三元阁观湖
还乡
咏三元阁

楹联

保安街门楼联
保安沼山乡村公园联
保安荷田公园门楼联
刘煌庄诗联学校门联
盘茶村柯楼庄门楼联
芦嘴村王匆山湾门楼联
高溪村饶家湾门楼联
株树村程涧一祖堂联
牛山村李良八湾祖堂联
李华村宗祠联
刘煌庄祠堂门联
大洪村余华泗祖堂联
古天符庙联
准提阁联
三元阁联
沼山大寺联
青梅寺联
白土堡禅寺联

诸佛寺联
龙安古刹联
刘煌庄门联选录
圣水湾楹联选录
沼山王祖湾门联选录
个人楹联展示
序引杂记
保安镇阵图记
沼山记
沼山八景记
沼山毓秀记
铜陧三元阁记
游樊湖记
募修三元阁引
募修沼山寺真武祖像引
三元阁重修记
准堤阁大雄宝殿新修序
故事传说
保安镇地名由来的传说（一）
保安镇地名由来的传说（二）
半副銮驾的由来
秦始皇移沼山填黄海
“王解粮”的传说
黄巢屯兵王霸山
怀恩门的传说
康熙题“清怀门”
四嘴三奇
保安狗血桃的传说

大事纪略

北宋乾德五年（967 年）保安划归大冶县
1938 年日本侵略者侵占保安
1945 年保安解放
1954 年特大洪水肆虐保安
1994 年被列为湖北省星火技术密集区
1995 年重修三元阁
1996 年荣获“中国民间艺术（石雕）之乡”称号
2010 年荣获“中国楹联文化之乡”称号
2012 年荣获“中华诗词之乡”称号
2014 年被列入“全国重点镇”
2015 年荣获“全国文明村镇”称号

附录

保安镇自助游线路图
保安镇部分餐馆表
保安镇部分客栈表

主要参考文献

编纂始末

王家坪镇志

两千年水墨话土家

王家坪镇情

建置区划

建置沿革

行政区划

区位交通

位置面积

道路交通

自然环境

地貌概况

河流山川

气象水文

土壤植被

生物资源

人口民族

民族源流

人口总量

民族构成

经济发展

镇域经济

旅游商贸

种植业

养殖业

渔业

外出务工

人民生活

人均收入

居住方式

文化

医疗卫生

环境卫生

劳动保障和社会救助

风景名胜

山川之美

马头山群峰

马头垴原始次生林群落
蛮子界古树群落
太阳山天然春米碓臼
大岗岭“动物王国”
杨柳池山脉聚景
罗峰山万亩映山红
溶洞之美
将军洞
怀水洞
丹寺洞
溪水之美
马头溪
葫芦溪
德修溪
桥之美
马头溪自生桥
马头溪风雨桥
德修溪风雨桥
桥边河、八家河风雨桥
瀑布
欧公洞十里梯级瀑布
头潭坎瀑布
田园景观
石堰坪田园风光
十里水杉大道
古柳风光带
万亩油菜花长廊
动植物景观
动物景观
植物景观
气象景观
日出
日落
云雾
冬雪
历史文化景观
郑国祥进士楼
天香书院遗址
皮垭里陶器窑址
悬棺“箱子眼”
马头溪古道驿站
寨子抹古城堡
欧氏宗祠
德修溪老屋
古寺庙宇
两河口济公庙
白鹤寺、望郎庵
南武当古寺

土家吊脚楼

选址定位
依山傍水
随山就势
修建工序
采料加工
穿枋排扇
立屋起扇

打瓦盖顶

建筑样式

一字头式

双手推车式

钥匙头式

功能布局

火坑屋

堂屋

土家转阁楼

建筑装饰

飞檐翘角

镂空雕刻

吊脚楼群

石堰坪古吊脚楼群

大垭湾吊脚楼群

老屋湾古建筑群

关水坪吊脚楼群

田家湾古宅

湖田垭人民公社旧址

槽门

古镇保护

保护规划

总体规划

专项规划

保护措施

古建筑保护

街巷保护

民居保护

文化遗产保护

重点文物保护

遗址遗迹保护

自然景观保护

保护方式

办理身份证

佩戴“护身符”

诗赋歌舞

诗词

楹联

碑序

墓志

民间乐器

打溜子

打围鼓

咚咚喹

吹木叶

民族歌舞

放排歌

劝架歌

榨油歌

寿歌

哭嫁歌

摆手舞

扬叉舞

蓑衣舞

斗笠舞
狮子舞
铜铃舞
梅嫦舞
存篓舞
茅古斯
土家跳丧舞

旅游开发

旅游线路
土家文化之旅
生态之旅
旅游品牌
国内著名媒体走进王家坪
香港媒体走进王家坪
海外媒体走进王家坪
村寨旅游景点
韭菜垭村
马头溪村
关水坪村
两河口村
紫荆塔村
八家河村
王家坪居委会
石堰坪村
蔡家坪村
伞家湾村
砂子垭村
泗墩溪村
桥边河村
木山村
宋家溪村
湖田垭村
汪家垭村
抗战红色旅游景点
郭家湾红军桥
飞虎队战机坠机遗址
红色足迹将军洞
德修溪老屋练兵场
岩壳学校
抗战戏班
特色旅游体验
农耕文化体验
年俗、婚俗体验
民居文化体验
原始狩猎体验
旅游服务
接待中心
民俗客栈
农家乐·度假村
行业管理
旅游交通
申诉维权
旅游投诉

耕读传家

农耕景观
春季农耕
夏日劳作
金色秋收
冬季放牧
传统农耕
春耕
糊仓
薅草锣鼓
灯光诱虫
打斗扳谷
层篓挑玉米
斗簟晒谷
打草上树
挑谷上仓
悬挂食物
洞藏食物
耕读传承
天香诗社
九都文化
名门望族
欧氏家族
龚氏家族
家训、家规
土家三规五戒
龚氏族规
龚氏家训
欧氏家规（十四条）
欧氏家祠公约
教育传承
学校教育
口传教育
家庭教育
家族教育
村寨社区教育
师徒传承教育
生存技能教育

风土民俗

土家竹器
竹制用具
竹制器物
竹制曲艺品
土家木器
滴水床
睡柜
料棒陀
刀袖子
农耕器具
犁耙
龙骨水车
筒车
衣饰风俗
服饰特点

女性服饰
男性服饰
儿童服饰
土家草鞋
民间作坊
榨坊
水磨坊和水碾坊
旱碾
石磨
碓马
风车
婚嫁习俗
说媒
求婚
踩屋场
送八字
转庚
哭嫁
上头礼与戴花酒
加冠礼与成人仪式
吃离娘饭
传茶
迎亲与拦门
拜堂成亲
抢床
婚筵安席与讲茶
回门
新媳妇拜年
生育习俗
有喜
捡生
踩生
报喜
三朝
看月
坐月
满月
百日
抓周
求嗣
丧葬习俗
推帐子烧落气钱
灵堂开路
披麻戴孝
做道场
唱葬歌
入墓安葬
岁时节庆
打扬尘
打年粑
洗邋遢
过赶年
大年三十
烤年火
守岁
元宵节
社日
花朝节

三月三
清明节
天牛节
晒衣节
七月初一
小年
土医、土药、土郎中
土医疗法
土药土方
土郎中
信仰禁忌
崇拜
禁忌
祭灶掸尘
封山与压码子
其他习俗
赶集
打猎
方言土语
人称词汇
时间词汇
生活劳动词汇
家畜常用词汇
谚语
天气类
时令天相类
农业生产类
持家理事类
生产生活类
特殊文化字符
巫傩文化
草码字
木匠字
傩符
安煞
安六甲
打时
打卡
杠仙

民间艺术

民间工匠
三缝
九佬
十八匠
手绣工艺
织锦
挑花
绣花
编织工艺
竹编
藤编
棕编
草编
民间曲艺
三棒鼓
渔鼓

金钱板

九子鞭

讲古

民间杂耍

龙灯

草龙灯

板板灯

高花灯

群花灯

踩火犁

上刀梯

民族戏剧

阳戏

土地戏

傩愿戏

体育竞技

运粮

担水抗旱

扳力

打飞棒

拔河

高脚马

鸡罩捕鱼

斗画眉

民俗活动

艺术人才传承培训

山歌擂台赛

农民春节晚会

年俗表演

特色美食

饮食习俗

土家三道茶

土家十大碗

菜食嗜好

土家主食

甑子蒸饭

鼎罐饭

竹筒饭

社饭

特色小吃

糖馓

烧玉米

炒米

糍粑

玉米粑

叶儿粑粑

煎饼

荞麦粑

葛粑、蕨粑

老糖干

特色菜肴

麻辣竹鸡

腊味合蒸

燕麦粉蒸螃蟹

螃蟒汤

沙罐熬乌鸡

土钵炖腊猪脚
和渣
酸肉
油炸蜂蛹
岩耳炖土鸡
腊肉炖火炼圈
小溪河鱼
渣豆酱
灌肠粑
土家腊肉
血豆腐
酸菜类食品
生态食品
水碾米
木榨油
七姊妹剁辣椒
红薯粉
土特产品
油茶
杜仲茶
炒米茶
灯笼果茶
甜酒茶
葛根粉
霉豆腐
魔芋豆腐
枞菌
蜂蜜
岩耳
板栗

名人与名镇

历史人物
郑国祥
李尧
全翼之
全文炳
龚启琼
全德主
张雁南
全美玉
李远喜
张桃妹
欧化东
张回文
欧大海
张天赢
名人与王家坪

艺文杂记

民间传说
归蛇
鸳鸯柳的传说
杨柳池的传说
鬼画桃符
大海之歌

古寨传说
土家吊脚楼那些事
偷梁木
竖屋
开财门

大事纪略

1935年红二、红六军团长征经过王家坪
1944年美国飞虎队战斗机坠毁干溪沟
1950年王家坪解放
1953年王家坪从沅陵析出划归大庸
1996年《湖南日报》报道王家坪镇民族文化
1996年湖南省廉政文化进农村现场会在王家坪召开
1996年中共中央办公厅调研组到王家坪考察农村文化建设
2000年王家坪撤乡建镇
2002年湘西北斗鸟节
2004年央视“心连心”艺术团到张家界慰问演出分会场选址紫荆塔
2012年全国重点文物保护单位石堰坪古建筑群揭牌仪式举行
2014年举办湘西北罗峰山映山红首届山歌擂台赛
2014年王家坪荣获“全国民族团结进步模范集体”称号
2015年举办首届湘西北“中隧杯”篮球友谊赛
2016年举办湘西北第一届农民春节文艺晚会
2016年举办湘西北首届土家鸡罩捕鱼节
2016年张家界首届户外嘉年华暨马头溪骑行赛举行
2016年举办湘西北“中隧杯”传统体育艺术节
2016年商春松获奥运会女子体操团体季军
2017年湖南卫视新春走基层直播进入石堰坪村

附录

王家坪获得的荣誉
张家界市永定区王家坪镇人民政府文件
王家坪镇土家文化保护与发展总体规划
关于印发《加强王家坪镇土家吊脚楼保护的管理办法》的通知
王家坪镇古镇保护总体规划（2010年—2030年）
张家界市永定区王家坪镇旅游发展总体规划（2013年—2020年）

编纂始末

巴城镇志

昆曲源头　蟹乡巴城

基本镇情

建置区划

建置沿革

区划

区位交通

区位

交通

地貌水系

地貌

湖泊

河流

气候

春季

夏季

秋季

冬季

人口

人口总量

民族构成

外来人口

姓氏

社会经济

综合实力

社会事业

教育事业

基础医疗

文体事业

公共交通

社会保障

养老保险

此篇目有删改。

医疗保险
失地（水）农民保障
五保户供养、残疾人保障
居民收入
居民消费
村简介
东阳澄湖村
东岳村
凤凰村
方港村
红杨河村
黄泥山村
联民村
正仪村
龙潭湖村
茅沙塘村
荣亭村
武城村
武神潭村
环湖村
西南村
夏东村
新开河村
阳澄湖村
绰墩山村
巴城湖村
马料江村
华社村
社区简介
巴城社区
芙蓉社区
并蒂莲社区
农村社区
玉石社区

环境建设

生态建设
绿地建设
阳澄东湖湿地公园建设
巴解园建设
水源保护治理
饮用水源地保护
拆除阳澄湖围网
河道清淤整治
污染防治
工业点源污染排查
面源污染治理
城乡污水与垃圾处理
创建国家卫生镇与农村“三清”工作

阳澄湖清水大闸蟹之乡

大闸蟹产地
“巴城阳澄湖”蟹品牌
清水大闸蟹特点
养殖
种质保护

蟹市

第一大闸蟹交易市场

巴解蟹批发市场

巴城湖蟹市场

品蟹地

蟹舫苑

美食街

渔家灯火

春秋水城

蟹文化

捕捞

扎蟹

蒸蟹

吃蟹

蟹八件

蟹肴

咏蟹

民歌唱蟹

蟹文化节

昆曲原乡

唐代名伶黄幡绰播种

玉山雅集与昆山腔

参与雅集的戏曲家

柯九思

高明

杨维桢

演出场所

研习演员

参与女伎

梁辰鱼首创新腔公演

《浣纱记》

梁辰鱼创立昆山派

梁辰鱼载入中华世纪坛

昆曲遗址遗迹

绰墩山

高墟山

金粟庵

昆曲地名

傀儡湖

行头港

梁家村

昆曲传承

昆曲堂名

雅宜堂

宜庆堂

宣庆堂

丽声班

传承代表人物

武宏达

陆开基

潘亮廷

盛凤辉

吴粹伦

殷震贤

卜泉生

梁铸元

梁雪生
俞玖林
钱瑜婷
昆山市石牌小梅花戏曲团
昆曲研究
顾阿瑛的《制曲十六观》
杨守松昆曲工作室
附：杨守松为昆曲做的十件事

新型城镇化样本

农村空间布局中的新型社区化
农村经济管理模式中的新型集体化
产业化经营的现代都市农业模式
新型农业
葡萄园
葡萄品种
阳澄湖现代渔业产业园
休闲农庄

文化遗址

绰墩遗址
第一次考古发掘
第二次考古发掘
第三次考古发掘
第四次考古发掘
第五次考古发掘
第六次考古发掘
勤丰遗址
黄泥山遗址
金粟庵遗址
武城遗址
其他遗址
龙滩湖遗址
黄石桥遗址
斜堰闸遗址
正北遗址
殷家坟墓葬群
玉山佳处
东亭并蒂莲
赵氏义庄
峭帆楼·又满楼
正仪铁路碉堡群
正仪火车站旧址

老街

巴城集镇
玉峰古文物展览馆
巴城蟹文化博物馆
昆石馆
东宝笛馆
江南木雕馆
王同宝书画馆
龙云崛茶楼
虹桥
阜康桥

中巷桥
景城路观光大桥
巴城雕花楼
畅春园
巴城老街救火会
程厅
甘宅
正仪集镇
文魁斋糕团店
落星石
石驳岸
寿安桥
景福桥
寄云楼

人物

人物传略
顾阿瑛
龚謦
龚安节
魏校
梁辰鱼
龚起凤
支可大
蔡懋德
朱天麟
蔡方炳
奚涛
徐昂发
黄子云
赵元益
赵诒琛
徐梦鹰
徐祖诒
赵诒翼
徐祖正
吴友孝
吴承杰
李肖白
于景让
陆仁生
汪菊林
高国士
朱福元
胡耀明
林山
季聚兴
名人与巴城
叶恭绰东亭探荷
冯英子畅游姐妹湖
杨镰校点出版《草堂雅集》
吴新雷：昆曲源头就在傀儡湖
杨守松入驻巴城

风土风情

巴城美食

一蟹八鲜
正仪青团
爊鹅野味
巴城麦糕
泡泡馄饨
庙会民俗
东岳庙会
张泾庙庙会
龙舟赛
传统习俗
节令习俗
婚姻习俗
饮食习俗
服饰习俗
方言俗语
方言
俗语

艺文

著作书刊
志书
古籍
地方书刊
诗词歌谣
诗词
民歌

大事纪略

信义郡考证
玉山雅集
正仪赵氏藏书刻书
2002 年重建崇宁寺
五所高校落户巴城镇
昆山杜克大学
苏州托普信息职业技术学院
昆山登云科技职业学院
中国人民解放军外国语学院昆山校区
苏州福纳影视艺术学校
费俊龙与“神舟六号”
中国书法之乡
动漫数字产业园
兴建旅游度假中心
重建玉山佳处

主要参考文献

编纂始末

湾头镇志

大运河的玉珮——湾头

基本镇情

区位交通

建置区划

自然环境

水系

气候

人口

经济发展

第一产业

第二产业

第三产业

社会事业

教育

卫生

文化体育

居民生活

收入

消费

社区　村庄

天顺花园社区

茱萸湾社区

万福村

联合村

沙联村

田庄村

附：划归扬州市生态科技新城代管村

驻湾头单位

北京新东方扬州外国语学校

扬州市社会福利中心

扬州曜阳国际老年公寓

江苏里下河地区农业科学研究所

运河要津

邗沟源头

水运动脉

漕运
盐运
大运河扩建后的运输
南巡盛典
隋炀帝下广陵
康熙南巡
乾隆南巡
世界文化遗产
古运河湾头遗产点
世界运河名城博览会永久会址
茱萸湾风景区
植物园区
动物园区
游乐设施与水上游览线
江扬印记

挹江控淮

导淮入江
归江河道
运河
沙河
运盐河
凤凰河
壁虎河
金家湾河
金湾河
廖家沟
归江十坝
褚山坝
拦江坝
金湾坝
东湾坝
西湾坝
凤凰坝
新河坝
壁虎坝
老坝
沙河坝
附：周恩来致国民政府行政院院长宋子文电（1946 年 9 月 2 日）
归江水道控制性工程
万福闸
太平闸
金湾闸
跨越归江河道的桥梁
扬州运河大桥
万福桥、万福闸桥
附:《重建万福桥碑记》
二道桥、太平闸桥
头道桥
广陵大桥
壁虎大桥
江扬大桥
廖家沟大桥
新万福大桥

湾头古镇

古茱萸湾

百年老街

青石街

市坊

行宫庙宇

山光寺

东岳庙、东藏寺

大王庙、将军庙

浮祐宫

七里庵

三茅宫

九华庵

万胜庵

民国陈氏住宅

避风塘

石壁虎

玉工滥觞

扬州工　源湾头

玉艺巧色

玉雕企业选介

扬州金鹰玉器珠宝有限公司

翠佛堂（扬州）玉石产业园

产业集聚

玉工匠心

刘月朗

汪德海

邱文喜

李祥壮

何兵

贡忠厚

刘月彪

涂福萍

刘月飞

陈义才

陈大军

沈龙建

柏斗坚

黄铭

新城崛起

广陵新城规划

区域布局

总体规划

拆迁安置

天顺花园

广福花园

广厦花园

中央商务区

扬州现代服务业集聚区

京杭之心

京杭水镇

秦邮水镇

江苏信息服务产业基地（扬州）

规划定位

江苏信息服务产业基地一、二期

江苏信息服务产业基地三期

“中国创谷”众筹文创园

金融集聚区

环球金融城

交通银行金融服务中心

公共服务设施

李宁体育园

扬州鉴真国际半程马拉松赛永久起跑点

扬州市民中心

扬州广陵公共文化中心

扬州市育才小学东区校

天顺幼儿园

廖家沟城市中央公园

马可波罗花世界

马可波罗大街

特色主题花园

花卉奇迹

其他配套设施

民俗风物

风味特产

“三水”江鲜

“三头宴”

扬州炒饭

盐水鹅

万福闸猪头肉

糖醋排骨

清蒸白鱼

醋熘龙鱼

红烧扒蹄

小吃

生活习俗

“皮包水、水包皮”

日常饮食

居住

礼仪习俗

婚嫁

生育

寿诞

岁时节令

立春

过年

元宵节

二月二

清明节

立夏

端午节

六月六

七月半

中秋节

重阳节

冬至

腊八

送灶

除夕

地方曲艺

扬剧

扬州评话

三茅宫庙会

方言俗语

方言

附：特色语法例句

四季谚谣

名人与湾头

人物传略

刘惟金

朱邦元

董正通

韩广宏

王国治

王秀兰

金玉昆

金永才

徐天青

中医外科“年”字门

杰出乡贤

金振声

贾硕诚

曹定国

游仁安

刘月川

名人留痕

刘濞开挖茱萸沟

隋炀帝开凿大运河

鉴真茱萸湾采莲东渡

刘长卿赋诗茱萸湾

苏轼与湾头的渊源

王士禛茱萸湾怀古

孔尚任惜别茱萸湾

康熙南巡茱萸湾

高翔作画茱萸湾

乾隆南巡湾头留诗文

阮元、阮亨题跋“古茱萸湾”

臧穀闲游山光寺

刘君湘湾头留英名

“江苏赵树理”马春阳在湾头

艺文

诗词

楹联

大事纪略

隋文帝凿山阳渎

南宋湾头“辛卯之捷”

抗元名将李庭芝、姜才就义茱萸湾

明代抗倭保卫战——丁巳守城

史可法湾头抗清

太平军在湾头

日军火烧丁家庄
1937 年万福桥惨案
湾头开江苏乡镇对外开放之先
茱萸重现茱萸湾

附录

湾头古镇的回忆
新型城镇化的“湾头样本”
杂记
“一步两庙”与“三步两桥”
“上扬州，拢湾头”
廖家沟地名由来
与湾头有关的一副扬州妙对
张济传创办秀珊小学
“神针”钱士金与江苏第一所针灸医院

主要参考文献

编纂始末

浏河镇志

浏河——郑和七下西洋起锚地

镇情总览

建置区划
区划沿革
村社概况
区位交通
自然地理
地域地貌
气候
水系
人口
经济社会
工业
农业
第三产业
教育卫生
文学艺术体育
人民生活

郑和与刘家港

七下西洋起锚地
港口变迁
选址原因
郑和在刘家港
郑和行辕
天妃祭祀
宣慰赐劳
遗存与纪念
郑和纪念馆
天妃宫
望江亭
“锚泊瀛涯”石雕
“扬帆起航”镇标
节庆活动

特色命名

娄东画派

画派源流

绘画风格

主要作品

传承弘扬

三鲜美食之乡

渔业生产

一级渔港

江海捕捞

近海渔产

内河水产

水产交易

浏河渔市

交易中心

三鲜美食

江鲜

海鲜

河鲜

美食节

休闲胜地

主要景点

明清老街景区

沿老浏河景点

沿新浏河景点

浏河口沿江景区（浏河口南）

浏河口沿江景区（浏河口北）

新塘管理区景点

其他景点

长江口旅游度假区

民俗文化

江南丝竹

妈祖祭祀

唐调传吟

渔民号子

摇大橹

打莲湘

荡湖船

其他民俗

渔事

饮食

匠事

男子青布裙

名人与名镇

名门望族

王氏家族（太原王）

王氏家族（琅琊王）

唐氏家族

傅氏家族
朱氏家族
吴氏家族
张氏家族
陆氏家族
浏河骄子
曹祥
陆子冈
王世贞
王锡爵
顾士琏
毕沅
彭兆荪
唐文治
项惠卿
李联珪
王雨三
洪锡范
郁丕武
傅焕光
朱屺瞻
郑秉珊
徐梦梅
郑丕留
吴健雄
邵滨孙
汪养然
张绍基
名人与浏河
范仲淹拓漕漕通娄江
韩世忠抗金兵出娄江口
文徵明却金亭却金
熊桴、任环、俞大猷、戚继光刘家河抗倭
夏原吉、况钟、白登明、林则徐浏河治水
三次“起跑”的唐孝威
雾霾研究专家唐孝炎
荣获世界工程领域最高奖的陆佑楣
心系家乡、克己奉公的张培基

艺文

碑刻铭文
天妃碑廊与碑刻选
其他碑刻精粹
诗词歌谣
诗词
楹联
民歌

杂记

掌故传说
遣宋使“水带桥”留名
明惠帝疑亡匿海外
麻将牌或起源于刘家港
得胜糕、太师饼、状元酥
傅松元治病轶事
民间故事

秦始皇挎山塞东海
牛郎织女传说源于太仓
陆子冈冥府申冤
大郎庙
郑和得助于铁拐李
王六官
蟹镇传说

大事纪略

海运漕粮
海塘修筑
浏河治理
两次淞沪战争中的浏河
浏河口“地下航线”
沪太公路修建与沪太长途汽车公司
刘家港水库修建
2015 年荣获中国人居环境范例奖

主要参考文献

编纂始末

中心店镇志

两京古驿——中心店

基本镇情

镇名由来

区位交通

建制区划

建制沿革

行政区划

村庄

地质地貌

地质

地貌

山丘

岗山

朱山

九龙山

卧虎山

玉皇山

白虎山

亭山

气候

日照

气温

降水

风

干、湿度

霜期

物候

植物物候

动物物候

水系

河流

塘坝

泉

此篇目有改动。

土壤

棕壤土

褐土

潮土

砂姜黑土

自然资源

土地资源

矿产资源

水资源

动物资源

植物资源

自然灾害

旱灾

涝灾

雹灾

风灾

雪灾

冻灾霜灾

病灾

虫灾

人口

人口数量

人口分布

民族

家庭姓氏家族

家庭

姓氏

韩氏中医世家

教育

东滩店义学

孟子学堂

国家级生态镇

水利建设

河道治理

库塘建设

农田水利

人畜饮水

土地资源管理

环境保护

污染源治理

环境卫生治理

环境监督管理

九龙山保护区

小流域水土保持综合治理

封山育林

森林防火

污染治理

新农村建设示范镇

村镇建设规划

村居

溪湖老屋

尚寨四合院

富东花园社区

配套设施

产城一体
老年公寓
美丽乡村建设示范片区
人居环境
乡风文明
幸福田园
群众文艺
文化设施
文化广场
文化活动
乡村旅游
寻美玉皇山
九龙山骑行游
白马河湿地
皇家国际香草庄园
中医养生游

中国绿色草莓之乡

栽培历史
生长环境
土壤地貌
水资源
生长习性
品质特色
产业规模
品种与营养
主要品种
营养价值
草莓休闲采摘游
生态采摘游景观区
草莓文化节
乡厨食府

经济强镇

传统工业
新型产业
机电产业园
鲁南汽车城
驻镇企业
东滩煤矿
商业
集市贸易
个体商业

文物古迹

古遗址
清水洼遗址
中傅村遗址
大赵遗址
西傅庄遗址
后南宫西北遗址
二十里铺遗址
西章后村遗址
后南宫南遗址
阁老庄遗址

蔡厂遗址

白马厂遗址

古墓葬

小东章墓群

南宫适墓

四府厂墓

小牛厂墓群

屯头墓群

白马厂墓群

玉皇山墓群

北渐兴东村墓群

古建筑

清真寺

晚照寺

玉皇庙

大元古戏楼

老营关帝庙

东安上渡槽

古树名木

古槐

中心二村古槐树

四府厂村古槐树

九龙山古柿树群

溪湖村古枣树群

尚寨村古侧柏

尚寨村古核桃树

特色文化

民间艺术

书法

美术绘画

剪纸　扎纸

剪纸

扎纸

雕刻

石雕石刻

木雕木刻

尚寨竹马

起源

道具

表演

风土民情

饮食习俗

一日两餐

饮酒

大葱蘸酱

传统美食

煎饼

烧饼

火烧

油饼

煎包

穷腚五香花生米
游艺习俗
武术
下棋
打牌
纸牌
跳绳
踢毽子
跳房
打瓦
婚嫁风俗
生育礼俗
送粥米
报喜
叫满月
过百天
抓生
过生日
岁时节令
除夕、春节
元宵节
二月二
清明节
端午节
六月初一
六月六
七巧节
中秋节
重阳节
十月一
腊八节
祭灶日
风俗禁忌
称谓
忌讳
俗语方言
俗语
方言

明鲁荒王陵

明鲁王世系
鲁荒王朱檀身世
鲁王世系
出土器物
纺织品
冠带配饰
家具漆器
生活用品
文房用具
琴棋书画与古籍
明器
其他明器
墓园墓葬
选址
营建时间
墓园
墓葬

葬具葬式
鲁荒王陵保护
旅游开发
九龙壁
下马碑
牌坊
古神道
外御桥、放生池
大红门
石像生
棂星门
内御桥
陵门
陵园
祾恩门
祾恩殿
显灵井
方城明楼
墓道
金刚墙
墓门
地宫
戈妃墓

艺文

诗词
咏原宪子
溪湖夜月
溪湖夜月二首
溪湖夜月
溪湖夜月
溪湖夜月
溪湖夜月
溪湖夜月
游晚照寺
胜地回銮
胜地回銮
西有东张
西有东张
西有东张
北有南宫
北有南宫
北有南宫
十三岁的河流
楹联
“玉皇山古戏楼”楹联
“原宪故里牌坊”楹联
“问道亭”楹联
“尚德亭”楹联
“安贫亭”楹联
“乐道亭”楹联
“龙溪台”楹联
“溪湖夜月走廊”楹联（一）
“溪湖夜月走廊”楹联（二）
“溪湖夜月走廊”楹联（三）

碑文
万历三十六年任彦檗挑筑白马河工碑记
大儒侠原宪碑记
民歌民谣
小板凳
拉大锯
小公鸡
小叭狗
小小虫插花鞋
小蛐子
小黄豆
小槐树
小喜鹊
新年
咸丰年
参军
无恶不作日本兵
儿童团
粮不见粮
巩振寰
传说典故
白马河的传说
玉皇山的传说
老鳖湾的传说
孙善人传说

人物

人物传
原宪
南宫适
王赞
韩长巳
孟宪均
丁平
宋伯柱
刘仰洲
段新明
孟凡雨
乔培玉
魏传兰
名人与中心店
西汉大儒张禹
东汉宰相张禹

大事纪略

清代文贤教在九龙山
1938 年九龙山伏击战
1945 年东滩店阻击战
1945 年邹城保卫战
1946 年中心店惨案

附录

1946—2015 年中共中心店镇（区、乡、公社）委员会主要领导任职一览表
1946—2015 年中共领导的中心店镇政权

北庭镇志

概述

北庭镇情

北庭名称由来

位置　面积

建置区划

自然地理

地质

地貌

土壤

气候

气温

降水

日照

季风

自然资源

土地

水文

矿产

植物

动物

湿地

人口　宗教

人口

姓氏

宗教

经济

镇域经济

新农村建设

社会发展

教育

卫生

广播、电视

交通

通信

公共服务

文化生活

社火

古镇秦腔

庆丰收文艺会演

农牧民运动会

丝路重镇

庭州

金山都护府

唐代北庭都护府与北庭大都护府

北庭都护府

北庭大都护府

回鹘陪都

元代北庭都护府与都元帅府

元北庭都护府

都元帅府

历史遗迹

千年故城

外城

内城

城内遗物

城内遗迹

回鹘王家寺院

遗址建筑布局

正殿和洞龛的堆积遗迹

正殿东面、南面建筑遗迹

故城遗址保护

故城遗址发掘与保护

故城遗址发掘

故城遗址保护区域

故城遗址保护

回鹘王家寺院发掘与保护

西寺发掘

西寺保护区域

西寺壁画塑像修复

西寺遗址保护

故城遗址人防技防

故城遗址申遗

国家考古遗址公园

公园立项

公园规划

公园建设

北庭故城遗址申遗

北庭故城遗址保护规划

遗址复原

世界文化遗产申报

文物古迹

古遗址

冯洛守捉遗址

沙钵守捉遗址

大龙沟故城遗址

头工故城遗址

后堡子故城遗址

小西沟原始村落遗址

千佛寺遗址

烽燧遗址

叶家湖青疙瘩遗址

大坑沿遗址

高窝堡营盘遗址

营盘梁遗址

刘家槽子遗址

古道

叶家湖古道遗址

车师古道

乌骨道

唐朝路（回鹘路）

伊北路

碎叶路

古墓葬

乱葬岗遗址

山口村石堆墓

东大龙口石堆墓葬

二工河石堆墓群

新地草原石人墓

庙宇

娘娘庙

关帝庙

无量庙

财神庙

风神庙

牛王宫

六十户大庙

魁星阁

馆藏文物

新石器

陶器

瓷器

铁器

铜器

玉器

金银器

古钱币

古生物化石

畅游北庭

自然景观

卡拉麦里有蹄类自然保护区

五彩城

石树沟硅化木园

火烧山

沙洲生态园

田园风光

人文景观

普氏野马繁殖研究中心

古海温泉

沙漠狩猎场

车师山庄
北庭园
天地园
北庭历史文化博览中心
旅游线路
黄金旅游线路
精品旅游线路
推荐线路
补充线路
走进卡拉麦里，欢乐北庭之旅精品旅游线路推介
北庭田园旅游线路

品牌产业

一品辣椒
品种
产量
效益
复播大白菜
品种
产量
效益
湖鱼塘虾
品种
养殖规模
效益

乡风民俗

北庭美食
汉族饮食
回族饮食
哈萨克族饮食
淳朴民俗
婚嫁
丧葬
节日
习俗
礼仪
娱乐
方言习语
北庭方言
农谚
歇后语
地名考
方位命名
水系命名
地貌特征命名
姓氏命名
庙宇命名
事由命名

艺文

北庭诗词选

北庭西郊候封大夫受降回军献上
登北庭北楼呈幕中诸公
北庭贻宗学士道别
北庭作
陪封大夫宴瀚海亭纳凉
白雪歌送武判官归京
赴北庭度陇思家
临洮泛舟赵仙舟自北庭罢使还京
发临洮将赴北庭留别
轮台歌奉送封大夫出师西征
走马川行奉送出师西征
轮台即事
奉陪封大夫宴
敬酬李判官使院即事见呈
使院中新栽柏树子呈李十五栖筠
奉陪封大夫九日登高
天山雪歌送萧治归京
热海行送崔侍御还京
赵将军歌
送李别将摄伊吾令充使赴武威便寄崔员外
送四镇薛侍御东归
送张都尉东归
优钵罗花歌
送郭司马赴伊吾郡请示李明府
醉里送裴子赴镇西
寄韩樽
晚渡天山有怀京邑
夕次蒲类津
阴山途中
游卧佛洞
风土二十三首（选二）
济木萨
西域引
访唐北庭都护府故城址
济木萨千佛洞留题
庭州怀古
民间传说
神秘的风洞
金马驹
金子搬家
瓜钥匙
常财神
聚宝盆
元宝城
财神庙
海子的来历
水底洞府之谜
北庭逸事
耿恭金满战匈奴
生死劫
王延德北庭之行
纪晓岚北庭行记
北庭史地研究者——徐松
著述提要
《新疆吉木萨尔北庭古（故）城调查》
《北庭史地研究》
《北庭春秋》
《丝绸之路北庭研究》

《北庭文史资料专辑》

《北庭史丛考》

《庭州古今诗词选》

北庭影视

《车师古道大营救》

《话说北庭》

《狼来了》

《北庭传奇》

《野马长啸》

《天火传说》

唱响北庭

北庭玫瑰

北庭人

千年北庭

名人与名镇

历史人物

郑吉

窦固

班勇

骆弘义

阿史那社尔

来济

阿史那弥射

袁公瑜

裴行俭

杜怀宝

王方翼

田扬名

唐休璟

解琬

麴智湛

杨何

吕休璟

郭虔瓘

阿史那献

汤嘉惠

盖嘉运

封常清

程千里

王惟良

赵崇玭

荔非元礼

杨休明

李元忠

杨袭古

岑参

悟空

仆固俊

僧古萨里

布鲁海牙

阿里海牙

綦公直

廉希宪

阿鲁浑萨里

贯云石

安藏

万光寿
卞其贵
张德隆
张福成
魏宏文
名人与北庭
庭州漠人张天铭
“怪才”艺人李克俭
草根文人李庭龙
农民技师卞生林

大事纪略

张骞出使西域
东汉匈奴逐鹿车师
西突厥攻占北庭
唐置庭州
平定阿史那贺鲁叛乱
北庭都护府设立
吐蕃占据北庭
北庭成为高昌回鹘陪都
西辽占据别失八里
别失八里之战
别失八里行尚书省设立
察合台汗国控制别失八里
纪晓岚踏勘北庭故城
外国人盗掘北庭故城文物
北庭故城遗址被列为文物保护单位
北庭故城遗址保护
北庭故城国家考古遗址公园建立
北庭故城遗址申遗

附录

《话说北庭》解说词
《吉木萨尔县北庭故城遗址保护管理暂行办法》
《新疆吉木萨尔北庭故城遗址保护条例》
《北庭故城遗址保护总体规划（2007—2025）》摘要

主要参考文献

编纂始末

河图镇志

概述

基本镇情

建置区划

区位

隶属

区划

辖村述略

金杨村

凉亭村

皖源村

岚川村

河图村

明堂村

南河村

自然环境

地质

地形　地貌

山脉

河流

土壤

气候

基础设施

交通

水利

发电

供电

通信

物流

人口　姓氏

人口总量

姓氏构成

民族构成

人均寿命

经济发展

工业

商业

财税

金融

劳务

旅游

民生

教育

文化组织

广播电视

卫生

住房

居民生活

社会保障

脱贫攻坚

综合监管

土地管理

社会治安综合治理

安全生产暨食品药品安全监管

美丽乡村

民主政治建设

民主选举

政（村）务公开

廉政建设

集镇建设

集镇规划

街道建设

集镇供水

集镇桥梁

小区建设

绿化亮化

环境卫生

集镇管理

村庄建设

居民聚居点

移民搬迁集中点

村级组织办公活动场所

美丽乡村示范点

公共服务

人居环境

产业发展

乡风文明

广场文化

环境监测与治理

环境质量监测

环境污染与防治

饮用水源地治理

推行河长制

村庄生活污染治理

秸秆综合利用

生态产业

生态林业

植被

植物

动物

国有林场
乡村林场
植树造林
封山育林
森林防火
推行林长制
生态农业
生态农业建设
调整种植结构
调整养殖结构
绿色食品和专业合作社
野生动植物保护
野生植物保护
野生动物保护
古树保护
特色产业
药材业
茶叶
高山蔬菜

红色河图

红色组织活动
金龟畈暴动
中共土门支部建立
苏维埃政府建立
红二十七军进驻
红二十五军进驻
红二十八军重建
新四军进驻
中共皖鄂边特委机关驻扎
战事
金龟畈战斗
上坊田战斗
反“清剿”斗争
妙道山阻击战
大岗岭战斗
雪落山围歼战
革命遗迹
林家山苏维埃政府旧址
周家冲苏维埃政府旧址
红二十五军司令部旧址
红二十八军重建会议旧址
红军医院遗址
红军商店旧址
龙王尖红军被服厂遗址
红军小学旧址
银河小学遗址
黄茅尖红军瞭望台遗址
红军洞
太岳县政府旧址
红军瞭望枫
金龟烈士墓
红色文化传承
留存红色记忆
传承红色基因
发展红色旅游

河图胜景

妙道山风景区

聚云峰

祖师尖

紫柳园

龙门大峡谷

南溪源

明堂山风景区

葫芦河秀水区

月亮崖秀崖区

古井庵寻幽探险区

主峰雄奇区

青松岭奇松区

天峡风景区

蒙山庵宗教朝觐游览区

峡谷奇观

原生态山水田园

千米杜鹃长廊

高山湿地公园

天佛山

双龙汇

天峡湖、天佛湖

九连环瀑布

天峡滑道

天峡漂流

驮尖风景区

主峰

螺眼飞泉

大岗岭

柏树坪

色崖银瀑

董家河

天鹅孵蛋

磨刀坪

时景

三山观日出

三山观云海

古迹遗址

古墓葬

古山寨

古建筑

古石刻

古战场

旅游规划

总体规划

景区规划

旅游服务

景区交通

景区公厕

农家乐

宾馆

景区旅游接待中心

竹坪旅游集散中心

罗家坪接待中心

风土民情

文化活动

戏曲演出

戏灯

娱乐

民间文艺

渔鼓

旱船

鼓书

舞狮

骑竹马

腰鼓舞

打连厢

民间工艺

知名工匠

普通工匠

生活习俗

生活起居

衣饰

饮食

取暖

人生礼俗

宴请

交往

婚俗

丧葬

生育

生日

岁时节俗

春节

元宵

花朝

清明

三月三

端午

六月六

七月半

中秋

重阳

腊八

小年

除夕

方言俗语

语音

词汇

语法

谚语

歇后语

禁忌忌讳

美食小吃

石耳排骨汤

神仙豆腐

锅巴汤

野生菇扣黑猪肉

十碗头

圆子

糕粑
蒿子粑
糯米糍粑
土特名产
石耳
黑木耳
菇类山菌
土蜂蜜
阳荷姜
郎菜
薇菜
金针
手工挂面
豆粑
腊肉
印花粑
茅香粑
生条
麻饼
霜果

名人与名镇

乡里贤达
刘思翥
余良璧
汪芸章
汪兆鸾
汪瑞芳
汪顺呈
查瑞林
汪嵩俊
胡中海
姜中林
叶高
革命烈士
汪登云
汪维书
吴长春
人民公仆
杨树友
祝百存
名人与河图
朱常[illegible]啸聚东河冲抗清复明
徐海东率红二十五军进驻河图建立苏维埃政权
王效亭组织金龟畈暴动
高敬亭在凉亭坳重建红二十八军
陈彩林带领便衣工作队战斗在大岗岭
林维先情系凉亭坳

艺文杂记

诗歌
古人咏河图
现代人咏河图
赋
登明堂山赋

明堂山赋
楹联
九龙古宅柱联
余氏宗祠正门联
汪氏宗祠柱联（一）
汪氏宗祠柱联（二）
明堂诗楼联
余氏宗祠寝堂联
雷音寺塔联
金璧寺门联
金璧寺后门联
金璧寺厅柱联
石和尚庙联
如来佛庙联
乌米岩庵联
碑记
崇福庵碑记
蒙山庵碑记
散文
仰望“瞭望枫”
驮尖
河图谣
紫柳园听鸟
民间传说
兄弟山的传说
逆子变孝子的传说
蒙山庵聚宝盆传说
葫芦河传说
古井庵传说
石和尚传说

大事纪略

1969 年“7 · 14”特大洪灾
1977 年省委书记宋佩璋到河图调研“农业学大寨”
1983 年河图撤社建乡
1984 年县委书记王道成到林区走访
1985 年举行红二十八军重建 50 周年纪念活动
1988 年明堂山发生山林火灾
1992 年河图撤乡建镇
创建旅游景区
创建省级优秀旅游乡镇和特色景观名镇
企业改制
2004 年河图红色遗址群被列入全国一百个红色旅游经典景区
2008 年年初发生特大雪灾
全国政协重点提案调研组到河图调研
2015 年岳西至武汉高速公路河图段建成通车
贯彻落实绿水青山就是金山银山的发展理念
2015 年举行首届安徽旅游国际化高峰论坛
2016 年省长李锦斌到河图调研脱贫攻坚工作
建设特色小镇

汤家汇镇志

概述

基本镇情

区位

位置

面积

建置

镇名由来

建置沿革

行政区划

地名

村级简介

自然环境

地质

地形

山川

气候

自然资源

动物资源

植物资源

水资源

土地资源

矿物资源

人口与宗族

人口

宗族

基础设施

集镇

道路

电力

邮电

给排水

居民生活

收入

支出

居住条件

社会保障
社会事业
文化
教育
卫生
广播电视

红色汤家汇

组织机构
中共党组织
苏维埃政权
群团组织
红军队伍
红一军独立旅
红八十二师
合编后的红二十五军
红军独立团
赤南县一路游击师
赤南县（五区）战斗营
商南大队
金刚台妇女排
军事活动
漆德千何家湾夺枪
周维炯虎形地歼敌
红二十八军泗道河歼敌
红二十五军、红二十八军瓦屋基联合拒敌
皖西北保卫战
刘德利牺牲朝阳山
椴辟岭攻坚战
便衣队夜袭高冲民团
雷维先智端碉堡
石裕田汤汇找亲人
陈伯禄为刘邓大军筹粮
蔡大娘勇救解放军
红军食品和用具
军械
军事驻地
苏区教育、文化及医疗
教育
文化
医疗
红色遗址
全国重点文物保护单位
安徽省重点文物保护单位
金寨县文物保护单位
其他遗址
保护与管理

古村落　古迹

古村落
中国传统村落
安徽省传统村落
其他传统村落
古迹
古道
古桥

古战场
古寺庙
古墓
古物
古祠

旅游开发

规划
总体规划
“两心”“五区”规划
设施建设
基础设施建设
集镇建设
线路
精品线路
镇内线路
线路规划与建设
景区　景点
景区
景点
接待与服务
接待
服务

经济建设

农业
种植业
养殖业
工业　建筑业
工业
建筑业
商业　服务业
商贸服务
住宿、餐饮服务
财税　金融
财政
税收
金融
扶贫开发
产业扶贫
科技扶贫
干部驻村扶贫
政策扶贫
异地移民扶贫
社会捐资和教育扶贫
劳务输出扶贫
扶贫资金管理

生态小镇

生态林业
封山育林
小流域综合治理
生态公益林建设
野生动植物保护
森林防火队伍建设

绿化造林
林场
古树名木保护
附：汤家汇古树、名木、古树群
生态旅游
建设美丽乡村
培育农家小院
开通旅游线路
生态家园
实施农村清洁工程
开展“三线、三边”集中整治
推广沼气综合利用技术
特色活动
挖掘红色文化、宗教文化、传统文化
推广土特产品、地方小吃
组织农民文化娱乐活动

风土人情

民风习俗
生活习俗
岁时节俗
礼仪习俗
花灯　庙会
美食名产
地方美食
筵席
特色菜
土特名产
方言俗语
农业谚语
歇后语

名人与名镇

人物传略
革命英雄
著名人物
人物简表

艺文

诗词
金刚古寨（明·熊奋渭）
金刚古寨（清·刘崧屏）
金刚古寨（清·衡戴天）
题笔架山诗一首
飑聩山
文峰叠翠
章山孤岫
过金刚台
雨中望金刚台
龙泉爆珠
文峰叠翠
游金刚台
雪霁望金刚台
赴笔架山
抒怀

泗道河杂咏
题金刚台诗一首
楹联　牌匾
其他
红军歌谣
鄂豫皖区苏维埃政府布告
金寨县四面旗帜之一——邓沟精神
民间传说
铁瓦寺传奇
笔架山传说
趣说“吝啬”
金刚台赶山填海传说（鞭赶金刚鳌鱼）
金刚受贬
金刚台和白云观比高
三步拱与狐仙报恩
余少保传说
占山为王

大事纪略

1929 年商城县工人代表大会在廖氏三柏祠召开
1933 年皖西北道区召开工农兵代表大会
1947 年金寨县第一个区级民主政府在汤家汇成立
实行家庭联产承包责任制
1986 年联营兴办金寨县丝织地毯厂
1988 年汤家汇村新辟百亩杂交桑园
1992 年银山畈乡新建色织绢纺绸厂
1993 年金寨县第十八缫丝厂在汤家汇兴办
2015 年“6 · 28”特大水灾

主要参考文献

编纂始末

云梯畲族乡志

安徽畲乡

基本乡情

建置区划

乡名由来

地理位置

建置沿革

自然环境

地质

地形

气候

河流

土壤

植被

野生动植物

人口民族

人口总量

常住人口

流动人口

人口受教育程度

人口年龄结构

民族构成

畲族人口迁徙

畲族人口分布

基础设施建设

公路设施

水利设施

农村电网改造工程

村村通水泥路工程

有线电视村村通工程

农村饮用水工程

农村环境卫生综合整治工程

千秋畲族村建设

经济发展
概况
农业
林业
乡镇企业
畲族居民生活
衣
食
住
行
耐用品
社会事业
学校教育
畲族文化教育
医疗卫生
民族团结
民族平等政策
民族事务小组
民族自治管理
民族团结模范
建制村概况
云梯村
白鹿村
千秋畲族村
毛坦村

特色农业

笋干竹栽培
笋干竹种类
笋干竹栽培
笋干加工
雷竹栽培
概况
雷竹造林
幼林抚育
成林培育
早出高产培育
山核桃栽培
概况
山核桃栽培
林地经营管理
山核桃病虫害防治
山核桃采摘
毛竹栽培
毛竹造林
竹林抚育
中药材种植
宁国贝母
“宁前胡”
白术
乡村农家乐
畲酒红乡村度假酒店
太子塘度假村
天龙山庄

畲族文化

畲族民歌

民歌特色

民歌传承与保护

民歌选介

畲族舞蹈

舞蹈特点

舞蹈展演

畲族语言

畲语注音

畲语拼写与拼读

编织工艺

概述

彩带

竹编

畲族古籍

仰天湖《蓝氏宗谱》

落花坞《蓝氏宗谱》

西坑《蓝氏宗祠家谱》

畲族杂歌选抄

畲族情歌选集

百草药房吉用

中成药的配方与应用

除邪镇妖篇

功德清醮篇

落花坞蓝祖老之墓碑文

小阳山雷公春财墓碑

畲族香火榜文

汝南堂上蓝氏门中三代宗亲列

畲族文化活动

“三月三”歌会

畲族文化展示

畲乡风情

信仰习俗

祖神信仰

汤氏娘娘信仰

灶神信仰

婚嫁习俗

拦赤郎（杉刺拦路）

捡田螺

借锅

撬蛀

夜行嫁

牛牯兑牛娘

农耕方式

刀耕火种

畲乡梯田

生活习俗

服饰

饮食

住宅

特色菜肴

山粉粿

洋芋饼

腌蒸鸡
苋菜秆
豆酱肉
红烧毛芋秆

古迹名胜

古迹

云梯老街
吴氏故居
三贤祠
状元楼
朱氏宗祠
落马桥
三十六间
汤王庙
青岭庵
孔雀庵
壕堑关
铜岭关
庙后山墓
庙后山脚墓
“望仙岩”摩崖石刻
望仙庵岩画
望仙庵古井
“宋故吴公居士之墓”摩崖石刻
中岭洞

名胜

千秋关
千秋畲族文化园
将军关探险漂流

名人与名镇

历史名人

吴仁寿
朱洁庵
吴柔胜
吴晦之
吴渊
吴潜
吴璞
朱文荣
朱凤
朱大有
朱一松
朱一柏
朱万理

名人与云梯畲族乡

蓝银奶
李宏奎
余盛和
雷水林
王君良

艺文书画

诗词

送梅处士归宁国

千秋岭下

夜宿千秋岭下田家

千秋岭

过千秋岭

山庵睡起

灵岩石门

次韵奚大卿追忆万卷堂同舍

谢徐侍郎书来相勉就举

宁川道中

望江南

满江红

过宁国界宿朱处士家

赠朱处士

云梯十景诗

云梯奇石

千秋关怀古

千秋岭晚眺

散文

走过大野洼

茅坦行

畲乡片影

千秋关散记

汤公山赏花记

民歌

唱不完畲乡好风光

畲乡小街

儿歌

叫我唱我就唱

竹海林声

敬酒歌

猜谜歌

剧本

畲山情（节选）

书画

朱大有草书

陈为中水彩画

大事纪略

913 年钱元瓘智战千秋岭

1911 年云梯光复军起义

1937 年千秋关遭遇战

1941 年畲民集体反抗地主的斗争

1941 年仙霞兵变

1958 年畲族认定

1985 年农业综合开发云梯实验区设立

1992 年云梯畲族乡成立

1994 年基本实现农村总体小康

1994 年荣获“全国民族团结进步先进单位”称号

2014 年荣获“全国教育系统先进集体”称号

2015 年荣获“全国特色景观旅游名村”称号

附录

云梯农业综合考察总体报告

云梯农业综合开发实验区实施效益及探讨

宁国县人民政府关于扶持云梯畲族乡发展经济的决定

主要参考文献

编纂始末

穆云畲族乡志

穆水白云映畲乡

基本乡情

优越区位
自然区位
交通区位
经济区位
建置沿革
乡名由来
辖区变迁
村庄概况
自然环境
地质地貌
气候水文
土壤植被
人口　民族
人口总量
人口分布
人口变动
民族
经济建设
特色农业
工业商贸
基础设施
道路交通
给排水工程
电力工程
社会事业
教育
文化
卫生

文物古迹

古遗址
大王党遗址

桂林垅山遗址

古墓葬

郑之明墓

清诰封奉政大夫晋赠朝仪大夫陈公墓

古建筑

桂林启元祠

桂林祠堂井

桂林古城门

桂林临水宝殿

桂林建垣家祠

桂林清泉宝洞

隆坪牌坊

虎头洋中亭

里奥石拱桥

玉林玉亭桥

望重碧水厝

桥溪村 4 号民宅

溪塔亭

溪塔孩儿撑伞厝

洋坪路亭

石碑石刻

温岩“郑公之记”石碑

双溪桥石碑

倭角青石碑

竹州山畲族革命纪念碑

畲族文化

畲族文学

歌谣

故事

谚语与俗语

畲族艺术

音乐

舞蹈

工艺

武术

竞技

建筑

畲族服饰

发型

服装

畲医　畲药

畲医

畲药

畲族节俗

做大年

做新年

白年日

开年驾

祭祖节

请祖节

奶娘节

补天穿

会亲节

婚礼

“三月三”

林公节

牛歇节
端午节
分龙节
游山节
元帅节
尝新节

旅游胜地

神秀幽深白云山
白云峰
金钟山
蟾溪壶穴
人文景观
保护与建设
附：白云山河床壶穴成因探索
穆云畲族乡生态旅游区
藤蔓千里葡萄沟
阡陌掩映蜜桃园
古色穆云
南山“银池坪”
咸福“古道”
蟾溪“月波桥”
桂林王氏祠堂
旅游设施
交通
基础配套设施
住宿
旅游线路
一日自助游
两日自助游
两日精华游
三日跨区体验游

风土习俗

宗教　民间信仰
佛教
道教
天主教
民间信仰
宗族文化
祠堂
宗谱
族规
乡规民约
附：穆云畲族乡乡规民约
礼仪风俗
人生礼仪
节俗
方言土语
婚恋嫁娶
夫妻相处
尊老爱幼
饮食文化
勤俭持家
地理常识
岁时节气

气象辨识
宗教文化
穆云美食
乌米饭
菅叶粽
鼠麹糍
扁肉
穆阳烤肉
穆云特产
刺葡萄
水蜜桃
雨伞
线面
地瓜粉丝
土鸡

名人与名乡

历史名人
郑寀
谢翱
王朝佐
王九韶
刘绍基
刘绍淇
郑辉仲　郑步常
王贡南
刘宗彝
钟日住
丁进朝
吴则忠
蓝木庆
钟延明
蓝甫
吴则喜
名人与穆云
畲家夫妇救曾志
叶飞说他们最忠诚
韩同林与白云山冰臼的奇幻之旅

艺文杂记

艺文掌故
散文
诗歌
民间传说
仙师降九龙
白云山银坑洞
清泉洞的由来
谢公戏鬼
分龙节
银池岗
缪半山戴春磨
缪仙公得道
“皇帝茶”
臭摄（鱼腥草）
名人写穆云
啊，白云山

桃林里的村庄
里楼走春
一段流水惊白云
古韵新风话桂林
隆坪史话
畲乡三月桃花红
桂林清泉洞
凤凰到此
晴川看白云

大事纪略

穆云畲族乡造福工程
开发“穆云红”矿石
穆云畲族乡桃花节、畲歌会
穆云畲族乡刺葡萄采摘节
2016 年穆云畲族乡被命名为第四批全国民族团结进步创建活动示范单位

附录

穆云畲族乡旅游发展总体规划之发展战略与定位
穆云畲族乡生态旅游区质量等级申请报告

主要参考文献

编纂始末

浔中镇志

千年古镇　瓷都明珠

基本镇情

建置沿革

唐至清时期

中华民国时期

中华人民共和国成立后

自然地理

位置　区域

交通枢纽

地形　气候

山水

生态

社区村落

凤池社区

富东社区

浔中村

乐陶村

后所村

世科村

蒲坂村

龙翰村

凤洋村

石鼓村

石山村

仙境村

祖厝村

人口　姓氏

人口源流

人口总量

民族构成

主要姓氏

镇区建设

“大城关”布局与浔中镇区

旧街改造

工业园区建设

居民新区建设

镇域经济

农业

陶瓷业

工业

服务业

文教卫生

文化

教育

卫生

居民生活

名窑名瓷

德化窑

传统“德化窑”

窑炉改革

新型窑炉

古窑保护

古窑址分布

重点保护窑址

保护措施

德化瓷

“中国白”瓷

高白瓷

建白瓷

青花瓷

骨质瓷

彩瓷

“中华红”瓷

西洋工艺瓷

瓷雕

名瓷收藏

国内收藏

国外收藏

制瓷工艺

瓷土资源开采

瓷土矿资源

瓷土矿开采

原料配制

配料

粉碎

淘洗成泥

瓷胚成型

轮制成型

手拉坯成型

模印成型

注浆成型

等静压成型

瓷器烧成

窑具

装窑

燃料

烧成

成品装饰

雕刻

彩画
选瓷
包装
产品销售

陶瓷科研

科研机构
改良瓷场
泉州市陶瓷科学技术研究所
德化莹玉艺术陶瓷研究所
德化金珠陶瓷研究所
德化凤凰陶瓷雕塑研究所
德化二马陶瓷研究所
德化凤池艺雕研究所
德化宏益陶瓷雕塑研究所
德化蕴玉陶瓷雕塑研究所
项目成果
新材料研制
瓷种开发
烧成改革
获奖项目
高新技术企业
知名品牌
科技交流
技术交流
学术交流
文化创意

“瓷圣”何朝宗

生平事略
技法与创作
何派技法
何朝宗与“中国白”
“瓷圣”作品
国内馆藏之宝
国外馆藏之宝
德化镇县之宝
市场淘宝
附：作家眼中的何朝宗

瓷乡之旅

风景名胜
西天寺
西华岩
碧象岩
唐寨山森林公园
驾云亭公园
凤池公园
文庙
陶瓷博览
德化陶瓷博物馆
翰林陶瓷城
旅游服务
旅游线路

旅行社

餐饮服务

石鼓美食街

风土民情

瓷乡习俗

祀窑神

祭“瓷圣”

窑坊公诞辰节日

窑炉点火仪式

古乐歌舞

南音

八音

装搁

大鼓吹

大节鼓

舞蹈

歌谣

地名故事

观音岐

涂厝格

乐陶与六车

美食

饮食习俗

美食小吃

名人与名镇

人物传略

单辅

李道泰

王必捷

谢凤姝

王必昌

曾重登

曾西元

孙起梠

郭鸣高

孙绥敏

陈祖德

王光张

蔡尚思

徐本章

附：人物表

陶瓷大师

何朝春

孙为创

苏学金

孙为塔

许友义

陈智坵

许光月

孙存捷

苏勤明

许文君
李懿凤
黄砉
张英滔
郭光印
许文安
许金盾
许兴泰
苏清河
周雅各
许兴泽
名人与名瓷
邱双炯
柯宏荣与陈桂玉
陈明良
林福椿
温克仁
郑泽洽
苏建堆

艺文

辞赋
圣主诣雍劝学赋
龙浔赋
龙浔山赋
驾云亭记
诗词
登驾云亭三首
驾云亭和韵三首
龙浔山小春烟景
驾云亭宴集
龙浔八景
驾云亭晓望
登龙浔山
浐溪即景
浔堤夜坐望驾云峰
驾云亭晚眺
龙浔纪胜
龙浔山回文
龙浔春晓
缨溪八景
云龙桥
西天室读书
蔡尚思诗（选）
楹联
传说
瓷洞箫
玄女托梦教拱窑
瓷眠床
逢蛟拔角　遇虎抽牙
李道泰传闻
李三娘和甘重熙故事
王进士与曾进士

大事纪略

德化县治址设浔中

浔中“德化窑”传入日本
马可·波罗从中国带回德化浔中瓷
陈焕拱起义
1915 年瓷塑作品首获国际金奖
1927 年建立德化第一个中共党组织
发掘古窑址
引进西洋工艺瓷
1992 年浔中镇实施“大城关”发展战略
1993 年举行首届国际陶瓷节
1997 年浔中镇行政区划调整
1999 年运载德化窑瓷器的古沉船“泰兴号”打捞出水面
2011 年三峡库区移民举行庆祝“移民落户”活动
2011 年国宝瓷器首次回故里

主要参考文献

编纂始末

北京街道志

岭南名街

基本街情

区位交通

区位

交通

建置沿革

街名由来

历史沿革

自然环境

地形地貌

气候

水文

人口

户籍人口

流动人口

街道经济

工业发端

晋代冶炼作坊

唐代铸钱作坊

两宋及明清商业发展

清末民国初形成商业区

中华人民共和国成立后

改革开放后

居民生活

民生事业

社会服务

社会活动

文物胜迹

文化遗址

南越国宫署遗址

南越国木构水闸遗址

历代城墙

药洲遗址

千年古道遗址

六脉渠

巡抚衙署旧址（第一公园）
兴中会广州分会旧址
“三·二九”起义指挥部旧址
古建筑
都城隍庙
大佛寺
小东营清真寺
合族祠群
广东财政厅旧址
国民政府旧址
广州中山纪念堂
广州市府合署大楼旧址
中西合璧骑楼街

街巷风貌

北京路
路名由来
官署集聚
书院与书店
商旅畅旺
中山四路·府学西街
路名由来
老字号店
名楼食府
娱乐名店
中山五路·昌兴街
百货荟萃
娱乐名店
小吃名店
昌兴街古今
广卫路·吉祥路
广卫路
吉祥路
西湖路·教育路
刻书名坊
著名书院
眼镜街
学界宿舍
教育机构
文体场所
惠福东路·惠福西路
路名由来
庙会美食
大南路·仙湖街
路名由来
仙湖街历史
大南路古今
越华路·正南路
路名由来
越华书院
进驻机构
商务大楼
仓边路·旧仓巷
街巷历史
高层建筑
其他机构
豪贤路·榨粉街

路名由来
古迹
农贸市场
商务街区
东风中路
路名由来
街巷景观
东风路商务区
广州起义路
路名由来
示范马路
旗帜彩印专营
高第街
杂货市场
红色史迹
工业品市场
高第街商会
连新路
发展概况
道路修筑
府前路
路名由来
解放军入城
“城市客厅”

千年商都

老字号
陈李济药厂
采芝林
长春洞潘高寿
致美斋酱园
三多轩笺扇庄
新以泰体育用品店
宝生园
大学鞋店
李占记钟表店
艳芳照相馆
太平馆西餐馆
知名店
新华书店
惠如茶楼
南如茶楼
宁昌饭店
新商城
广州百货大厦
光明广场
五月花商业广场
名盛广场—天河城百货
潮楼
动漫星城

旅游开发

旅游规划
北京路文化核心区整体规划
旅游线路设计及景区宣传
旅游建设

景区配套设施完善
景区产业转型升级
特色旅游
惠福美食花街
广州老字号一条街
北京路文化旅游区文物径

风土风物

民俗节庆
迎春花市
城隍诞
广府庙会
特色技艺
传统中医药文化
广式腊味制作技艺
美食小吃
肠粉
云吞面
干炒牛河
双皮奶
姜撞奶
及第粥
萝卜牛杂

名人与名街

名门望族
黄氏家族：十八世书香门第
许氏家族：广州第一家族
历史名人
庄有恭：清代广州唯一的状元
黎庇留：近代岭南伤寒名家
梁鼎芬：创办广东首个公共图书馆
陈伯坛：伤寒派一代宗师
蔡兴　蔡昌：近代百货业先驱者
古应芬：近代著名资产阶级民主革命家
胡汉民：近代著名资产阶级民主革命家
金曾澄：近代广东资深教育家
郭梅峰：存心济世的岭南名医
陈干臣：爱国说书艺人
邱炳南：衬衫制作誉满羊城
吴子复：书画篆刻名师
梁志生：驰名粤、港、沪的丝绸名商
朱英南：归侨报国，创立美华百货
刘天一：广东音乐家
陈兴昌：改革开放后创办第一家私营企业
名人与北京街
陈献章奉诏入京途径北京街
海瑞入读禺山书院
梁廷枏助林则徐禁烟
孙中山在北京街的革命活动
梁智华在高第街开办梁苏记遮铺
陈独秀创办广东省立宣讲员养成所
朱执信组织发动“三二九”广州起义
杨匏安在北京街传播马克思主义
胡根天发起广州第一个研究西洋美术的团体——赤社

艺文

古代风雅辑

报文帝书

南海百咏（选录）

重修广州城隍庙记

拱北楼刻漏歌

禺山

琴柏记

粤秀书院记

越华书院记

九曜石歌并跋

浚九曜石池记

广州土俗竹枝词（选录）

南海百咏续编（选录）

岭南杂事诗钞（选录）

羊城竹枝词（节录）

羊城竹枝词

广东藏书纪事诗（选录）

近现代文荟

番禺二山的今昔

记创造社出版部分部

记广州花市

广州名迹记·双门底

花城

花街十里一城春

民间故事录

五羊传说

金花娘娘传说

大事纪略

南越国始末

南汉国始末

南明绍武政权始末

清道光十九年林则徐广州禁烟

清光绪二十一年兴中会乙未广州起义

1911 年同盟会“三二九”起义

1921 年新青年杂志社迁址昌兴街

赤社美术研究会

1927 年广州起义

1949 年庆祝广州解放大游行

西湖路灯光夜市始末

1997 年设立广州北京路商业步行街

2016 年北京路文化旅游区正式挂牌国家 AAAA 级旅游景区

主要参考文献

编纂始末

兴隆华侨旅游经济区志

北纬 18°的兴隆

基本区情

建置　区划

地名由来

区位交通

建置沿革

行政区划

环境　资源

气候　地形

水资源

土地资源

矿产资源

植物资源

动物资源

人口　民族

人口

姓氏

语言

民族

民间信仰

宗教信仰

基础设施

居民住宅

市政交通

通信

经济发展

工农业

旅游业

社会发展

教育

科技

文化活动

医疗卫生

社会保障

兴隆敬老院

侨乡兴隆

归难侨安置

马来亚归难侨

印尼归难侨

越南归难侨

其他国家的归难侨及迁入人员

建设历程

兴隆华侨集体农庄

国营兴隆华侨农场

兴隆人民公社

生产建设兵团

国营兴隆农场

兴隆华侨农场与兴隆华侨旅游经济区

开发南旺

农业机械化

万亩橡胶园大会战

兴建沉香湾水库

侨务工作

华侨组织

侨联事务

对外交流

国际援助

和谐侨乡

历届职工代表大会

历届归侨侨眷代表大会

咖啡小镇

兴隆咖啡文化

兴隆咖啡的兴起

咖啡低迷时期

咖啡的全面恢复发展期

兴隆咖啡研发

海南省万宁市兴隆华侨农场咖啡厂

咖啡研究所

行业协会

有机咖啡示范园

万宁兴隆咖啡文化博览园

兴隆国家森林公园咖啡谷

兴隆咖啡工艺

生豆加工

焙炒工艺

研磨烹煮

兴隆咖啡名品

旅游兴隆

景区景点

兴隆侨乡国家森林公园

兴隆热带花园

兴隆热带植物园

兴隆南药植物园

巴厘村

兴隆亚洲风情园

兴隆热带农业观光园
绿道
其他景区景点
旅游项目
温泉之旅
高尔夫之旅
垂钓与轻骑
美丽乡村游
国际冲浪胜地
热带雨林探险
红艺人表演
购物游
旅游服务
旅游线路
宾馆酒店
餐饮业
讲解服务
旅行社与游客服务中心
旅游地产
旅游名镇
全国特色景观旅游名镇
海南十大文化名镇

艺文　书画

诗词
赞兴隆华侨农场诗二首
兴隆华侨农场寄语——调寄《清平乐》
游览兴隆华侨农场题诗二首
兴隆华侨农场
游兴隆观感诗一首
赞兴隆神秘果
游兴隆农场诗明志
赞太阳河
知青回家
新中国割胶工人的山歌
如歌岁月
故乡行
兴隆今昔思悟
游兴隆温泉感怀
兴隆风情村
文赋
兴隆赋
歌谣
劳动歌
牧歌
渔歌
猎歌
生活歌
太阳河之歌
书画
书法
绘画

侨乡风情

兴隆美食
东南亚美食

本地美食
兴隆美食购物街
特色物产
热带水果
兴隆根艺
附：兴隆根雕“奇人”黄劲民
南药王国
民间文艺
东南亚歌舞
团体演出
家庭乐队
特色建筑
印度尼西亚船形屋
越南居舍
泰国村寨
异域服饰
巴迪
巴隆
奥黛
峇蒂
娘惹
纱笼
马隆
黎苗习俗
黎族习俗
苗族习俗
岁时习俗
年俗
元宵节
春分
清明节
端午节
七月节
中秋节
冬至
人生礼俗
婚俗
生育
寿辰
丧葬
礼节
槟榔礼俗

名人与名区

人物传略
冯子材
钟仁宠
钟启桢
詹力之
陈平
刘滨
曾广
陈武英
萧英
张奋
徐洪顺
杜澄波

蔡如秋
吴金铎
李东鲁
林放
张小兀
卢业富
章沙红
张国良
王义其
李觉
杨少春
杜考清
姜仕选
蒋金汉
刘运兴
王福标
国际友人在兴隆
越南劳动党主席胡志明到访兴隆
柬埔寨王国诺罗敦·西哈努克亲王到兴隆考察
柬埔寨首相宾努亲王到兴隆参观访问
越南祖国阵线中央委员会主席范世阅到访兴隆
印度尼西亚驻广州总领事韩达礼到访兴隆
印度尼西亚驻广州常务领事沙哈特到访兴隆
密克罗尼西亚联邦总统约瑟夫·乌鲁塞马尔到兴隆参观访问

大事纪略

1915 年琼崖讨袁护国军攻打万州
兴隆抗战
1951 年马来亚归难侨落户兴隆
1952 年建设第一座钢筋水泥大桥
拍摄《南海明珠》与《红色娘子军》
1992 年设立兴隆华侨旅游城
2004 年兴隆入选《侨乡新貌》系列邮票
2004 年世界小姐在兴隆
2008 年奥运祥云火炬在兴隆传递
2011 年第十二届中国海南欢乐节在兴隆举行
2012 年中非合作圆桌会议永久会址落户兴隆

附录

国家林业局关于准予设立兴隆侨乡国家级森林公园的行政许可决定
关于批准对兴隆咖啡实施地理标志产品保护的公告
万宁兴隆咖啡产业发展实施方案

主要参考文献

编纂始末

马口镇志

荆楚古镇　金马雄风

基本镇情

建置沿革

镇名由来

沿革

区位

自然地理

交通地理

自然环境

地质地形

河流湖泊

人口　姓氏

人口

姓氏

镇区建设

总体规划

城区与街道

供电

道路照明

供水

排水

供气

住宅建设

绿化

村庄　社区

古地名村庄

美丽村庄

宜居社区

经济发展

农业

工业

商业

旅游

政事民生

政事

文化
教育
医疗卫生
居民生活
古迹遗址
严家山西晋墓葬
九王家遗址
黄湾墓群
涂家头墓群
明代石椁墓
石剅路
仙人桥
韬光桥
圣公会
潘同春酱园
周福林民居

关圣遗产

关圣遗存
关公阁
关公寺
系马桩
饮马槽
观潮亭
关帝庙
地名遗存
系马口
关铃山
马城
关圣故事
顽童戏马
关公晒袍
夜读春秋
关圣灵威
浮雕壁画
桃园情结
风阻旧口
系马小憩
凉亭观潮
牧马赏梅
书阁春秋
关圣显威
帝庙香火
继志觅踪
千年美谈
关圣后裔
关圣文化
系马口镇标
企业文化
校园文化
义学文化

马口窑陶

起源与发展
明代
清代

现当代

品种类型

缸类

坛类

壶类

钵类

制作工艺

工艺流程

原料炼制

造型工具

制作技法

陶艺传承

基本脉络

传承人谱系

当代传承人代表

窑陶产业

陶器市场

陶品收藏

教学基地

陶窑保护

遗址发掘

保护规划

管理机构

保护措施

保护计划

保护范围

保护标志

保护档案

非遗申报

项目论证

重要价值

资金投入

授牌

陶艺研究

艺术风格

审美意义

研究成果

衍生文化

地名

民间情趣

汉川善书

起源与流传

起源

流传

创新发展

丰富唱腔曲牌

创新演出形式

改革唱词框架

优化宣讲内容

群众参与创演

技艺传承

传承人

整理人

非遗申报

学术研讨

传承实例

类型与特征
类型
主要特征
讲唱艺术
表演形式
讲演艺术
唱腔特点
讲唱礼仪
一般礼仪
特殊礼仪
作用与影响
丰富老年生活
充实精神文化
影响日常行为

双弦小镇

轻纺制线
发展历程
基础服务
专业实力
产能扩展
招商引资
园区建设
社会效益
龙头企业
光纤光缆
发展现状
企业选介

乒乓摇篮

基地建设
业余乒乓球队
训练重点班
马口业余体校
教练培养
培训
任用
训练管理
一条龙训练
外联协作
分级训练
人才输送
乒坛活动
校园乒乓
企业乒乓
农村乒乓

风土民情

美味马口
马口糊汤粉
马口猪油锅盔
锅贴豆皮
烧烤臭干子
高湖莲藕煨汤
马口蒸鳝鱼

潘同春豆瓣烧鲫鱼

湖乡胡氏荷月

节庆习俗

春节

元宵节

清明节

端午节

中秋节

重阳节

岁时习俗

请七姐

二月二

三月三

四月四

五月五

六月六

七月七

十月小阳春

十月十六

腊时腊月

方言俗语

方言典故

常用方言

歇后语与谚语

特色歇后语

常用歇后语

常用谚语

名人与名镇

人物传略

辛亥革命“梁氏三杰”

志士英烈

文艺名家

医界名师

名人与马口

白居易与《臼口阻风十日》

南宋词人姜夔与白石湖

童佩兰与马口义学

孙中山题写匾额

董必武、李先念为魏人镜烈士墓题词

王贵喜两次见到毛主席

张宝珠参加全国工交系统先进集体和先进生产者代表大会

曹禺为镇标题写“系马口”

王恒英与龚家巷、福利院

王作荣资助丁集学校

艺文　书画

诗词歌赋

古风叠韵

现代诗歌

歌词

楹联

金马系风（二副）

七写抗战胜利阅兵（摘录六首）
题马口关公寺联
题马口镇标
散文选录
油工号子
碑铭轶文
马口敖家·清河堂张氏序
梁氏三杰纪念堂序
民国巨子梁君耀汉墓志铭
吉陔公祭
景点趣闻
神鹰啄龟
婆婆怀馨
玛瑙休禊
龙霓飞虹
太子峰与凤凰岭
关铃山夜话
鲤鱼沉浮
金银猫子山
陶窑故事
九龙杯传奇
窑陶鼻祖应山
书画马口
孙中山先生为梁琴堂医院书匾
丁玲、李尔重为马口题词
书画作品选录

大事纪略

清末通轮船
1911 年响应辛亥革命起义
1925 年马口响应“五卅运动”
1927—1928 年邱子垴革命斗争
1938 年马口组建战时服务团
1946 年创办省立马口中学
1947 年省设合作农仓
1950 年 3509 被服厂入驻马口
2006—2011 年两获“中国制线名镇”
2007 年荣获“中国最具发展优势的城镇”
2010—2011 年两获湖北省“百强乡镇”
2012 年强镇扩权试点
2016 年列为“国家投融资模式创新制线小镇”
2017 年获评“特色‘双弦’小镇”

主要参考文献

编纂始末

汤池镇志

灵泉星火话汤池

基本镇情

区位面积

区位

面积

建置区划

建置

区划

集镇

自然地理

地形

气候

自然资源

土地资源

水资源

生物资源

人口

数量构成

姓氏人口

基础设施

水利

电力

交通

通信

邮政

城镇建设

农村建设

经济建设

农业

商贸旅游

财税金融

政事

基层民主

综合治理

民生

教育

文化体育

医疗卫生

人民生活

社会保障

温泉

溯源

地热资源

地质特征

地热形态

开发利用

开发历程

热水利用

温泉旅游

规划定位

汤池温泉旅游度假村

旅游线路

旅游服务

温泉养生

养生方式

原汤养生

水系理疗养生

中医温泉养生

养生文化旅游节

温泉水产养殖

水浮莲与罗非鱼养殖

甲鱼养殖

灵泉文化

汤池传说

历代文人咏汤池

湖北小延安

创办历程

创办背景

开办过程

教员与教学管理

教学要求与教员

教学活动

学员

学员名单

学员党组织发展

学员抗日活动

学员分派

学员烈士

红色场馆

鄂中革命烈士纪念馆

汤池训练班旧址和鄂中革命烈士纪念园

纪念活动

寻访旧迹

纪念作品

干校与党校

创办历程

培训过程

学校变迁

文化遗产

陶家湖古城遗址

考古发现

古城价值

出土文物

遗址保护

开发利用

传说

收集整理

非遗申报

重要价值

皮影

分布区域

基本内容

主要特色

皮影传承

风俗民情

美食

传统名菜

特色小吃

农家风味

生活习俗

服饰

饮食

住房

出行

用具

礼仪习俗

婚嫁

丧葬

寿诞庆典

方言俚语

语音

用词

谚语

歇后语

俗语

名人与名镇

名人与汤池

楚惠王遥寄曾侯乙

宋玉游汤池

盛弘之与玉女泉

郦道元与汤池

李白与汤池

李先念与汤池

陶铸在汤池

李范一在汤池

任质斌与汤池

革命烈士

鲁俊清

王本道

陈方林

景金发
陈新华
先进人物

艺文

诗词
汤池
安州应城玉女汤作
汤池
汤池
汤池
应城八景合咏
玉女温泉
游汤池
汤池
玉女池口占二绝
浴汤池
次李郡伯浴汤池韵
玉女池奉和李郡伯韵
次傅郡伯浴温泉韵
次傅郡伯浴汤池元韵
游汤池
玉女温泉
玉女汤
温泉
温泉
绝句
浪淘沙 · 玉女温泉
玉女温泉
汤池训练班五十周年纪念
楹联
汤池古楹联
族谱联
门联
歌谣
汤池温泉
童养媳苦
蝶恋花 · 应城汤池余韵
碑文
修建侯馆碑记
杂文
农村工作杂记——到“民间去”之前
一个新的乡村合作训练班
回顾与期望
忆汤池训练班

大事纪略

训练班开办
陶家湖古城遗址考古
1984 年建制镇成立
2011 年汤池传说被列入省第三批非物质文化遗产目录
汤池镇获评全国特色景观旅游名镇等称号
孝感（汤池）金秋十月经贸洽谈会举行
鄂中革命烈士纪念馆改造
“汤池甲鱼”注册为国家地理标志证明

烟店镇志

一山一水一诗仙

基本镇情

建置沿革

烟店得名

区划沿革

集镇

村落变迁

附：烟店镇部分村、湾由来撷录

区位

自然区位

交通区位

经济区位

自然环境

地质

地貌

主要山水

气候

自然资源

土地资源

矿产资源

生物资源

人口姓氏

人口概况

姓氏

民族

数世同堂

寿星

基础设施

水利

电力

通信

经济发展

农业

工业

财税金融

政权机构

基层党组织

党政群机构

基层政权

社会事业

教育

卫生
文化
体育
精神文明建设
社会保障
附：2011—2017 年烟店镇所获主要荣誉称号
旅游规划
景点保护
道路建设
旅游名镇创建
翰林湖李白文化景区
太白峰道教源流景区
桃源谷遗址遗迹景区

诗仙古镇

诗仙遗踪
李白栖居白兆山十年行踪
白兆山李白遗址遗迹
省级非物质文化遗产《李白在安陆的传说》
搜集整理
分类
李白研究
李白研究机构与研究专业人员
李白研究主要成果
李白文化场馆
李白纪念馆
李太白诗廊
李白民间故事画廊
诗仙小镇创建
小镇建设
小镇宣传
李白遗风传承
白兆山李白文化旅游区

红色烟店

白兆山抗日民主根据地
龙泉观培训班
周叔屏起义
安随工委
青龙潭留守处
抗日十人团
“蚕豆选举”县人民代表
军政干部大会
五师建军
京安县第三抗日小学
红色史事
望城岗农民勇斗日军
两打烟墩店
智除顽军谍报组
虎口夺白布
挺进鲁家冲
屯兵包家墩
红色人物在烟店
李先念率兵挺进白兆山

陈少敏组织大生产

任质斌领导创办《挺进报》

刘少卿统一战线建功绩

周志坚情系烟墩店

萧松年点燃抗日烽火

胡山发动群众抗日

英烈传

周叔屏

李日新

张文轩

吴天成

卢明远

王明时

烈士录

美丽乡村建设

打造美丽环境

森林保护

森林城镇创建

水利配套完善

农田规模整治

道路硬化建设

人居环境提升

建设美丽村镇

中心集镇

镇域小集镇

生态新村

产业新村

文明新村

发展特色经济

绿色农业基地

生态产业大户

多彩观光园区

美居美食美品

美丽乡村游

文物古迹

文物

铜爵

双耳葡萄铜壶

铜焦斗

孙中山先生安葬纪念币

古遗址

王古溜遗址

陈家墩遗址

花台遗址

王家庙遗址

肖家湾遗址

刘家湾遗址

古墓葬

芦家山墓

双庙墓

坡台山墓

古建筑

烟店老街

包氏祠堂

千佛庵
十八里大庙
赵家大庙
刘家大庙
冯家庙
王家庙
古桥
斗笠崖摩崖题刻
宋代郑獬题刻
明代马龠题刻
清代白云泉题刻
古碑
翰林李白旧游处碑
李翰林像碑
周公桥建桥石碑
尖山桥建桥石碑

乡土文化

文化活动
湖北省非物质文化遗产麒狮舞
皮影戏
狮子灯
采莲船
龙灯舞
蚌壳精
喜庆渔鼓
吉祥彩词
附 1：上梁、祭梁彩词
附 2：拦车马彩词
附 3：铺床彩词
附 4：狮子灯开光彩词
楚剧演唱
传统手工艺
编织
绣花
木刻

风土风情

民风民俗
生产生活习俗
婚俗
生育习俗
丧葬习俗
节令习俗
称谓习俗
方言土语
方言词汇
民间谚语
歇后语

名人与名镇

名人与烟店
诗仙李白栖居白兆山
“红杏尚书”宋祁结诗社
北宋诗人郑獬题刻白云泉

北宋学者王得臣考证白兆山得名
明德安知府马龠白兆山追慕先贤
明代学者何迁小憩横山庄
白兆山逸人程健斋重修白兆寺
当地名人
徐国英
敖永才

艺文

诗词
历代题咏白兆山诗词作品选
中华诗词学会，省、市诗词学会在烟店采风诗词选
楹联
白兆山森林公园摘抄
碧山诗社会员楹联
散文
爱登白兆山
千山看尽，最忆君——安陆白兆山纪行
剧本
大姑爷坐席
民间传说
李白在安陆的传说
黎杨冲来历
打锣山
周公桥得名
白果树湾与白果店
银子窝
飞鹅山奇事
花鼓塘趣事

大事纪略

西魏大统十六年西魏大将杨忠大败柳忠礼
明崇祯十五年李自成农民起义军进攻西乡
20 世纪 70 年代吴家坳泵站及其配套工程建设
1980 年推行家庭联产承包责任制
1982 年卫生部在烟店设立钩端螺旋体病监测点
2005 年烟店完成乡镇综合配套改革
2005 年汉十高速公路烟店段建成通车
2013 年省慈善总会“关怀老人”项目在烟店试点

附录

烟店镇“美丽乡村”建设五年规划（2016—2020 年）（摘要）
烟店镇创建湖北省旅游名镇工作实施方案（2017—2030 年）（摘要）

主要参考文献

编纂始末

杨岭镇志

石膏之都　生态小镇

基本镇情

历史沿革

地名由来

建置沿革

行政区划

集镇

地理环境

位置面积

地形土壤

山系

水系

气候

自然资源

土地资源

水资源

生物资源

矿产资源

人口

人口总量

民族构成

姓氏

移民

基础设施

交通

电力

邮政通信

水利

经济建设

农业

工业

商贸旅游

财税金融

民生

教育

文化体育
医疗卫生
社会保障
收入分配
住房
社会治安综合治理

膏盐古镇

纤维石膏之都
石膏形成
石膏发现
储量与分布
石膏开采
开采方式
石膏运销
石膏用途
峒盐之乡
破禁制盐
峒盐制作
凿峒（井）取卤
提浓
熬制
峒盐运销
矿工生活
旧时矿工劳动环境
民国时期重大事故
峒上把头的严酷管理
新中国时期矿工生活
环境资源保护
青膏治理
废水治理
规划开采
膏盐文化
兴峒忌洞
矿区集镇
矿工号子
矿工歌谣
膏盐诗赋
膏盐楹联
石膏传说（一）
石膏传说（二）
膏盐文史
展馆
膏盐烽火
矿区万名工人大罢工
第一个中共应城县委在矿区成立
童工罢工斗争
应城八条枪
短枪队
反食盐禁运的斗争
矿工为争取基本福利待遇而斗争

生态农业

生态农业规划与建设
生态农业规划
生态农业建设

生态产业

生态产业建设

糯稻种植

苗木花卉产业

苗木花卉企业

立体种养产业

龙头企业

湖北瑞琪粮食股份有限公司

湖北楚珍园休闲度假区

名优产品

龙王糯米

明光葡萄

松林岗金水梨

杨岭荸荠

祝墩香椿

生态土猪

金梅

生态乡村旅游

景区

旅游线路

特色景点

旅游服务

旅游产品

乡土文化

历史遗迹

文物

遗址

民间艺术

吹唢呐

皮影戏

打莲湘

楚戏、花鼓戏

歌谣

艺文

诗词

楹联

小说

散文

民间传说

谱序

书画、摄影作品

民间体育活动

袁何武术

竞技活动

趣味游戏

民间棋类

民俗方言

礼仪习俗

婚嫁礼俗

生育礼俗

寿辰礼俗

丧葬礼俗

建房礼俗

生产习俗

传统农具
生产劳动
生活习俗
服饰
发型、饰品
饮食
节庆习俗
过年
元宵节
花朝节
清明节
端午节
中元节
中秋节
方言
杨岭方言与普通话
谚语
歇后语

名人与名镇

人物传
李幼滋
陈子亭
吴维章
祝炳奎
陈荫三
戴惕安
陈愚安
蔡斯烈
杨树勋
樊作楷
杨业功
王四平
人物录
杨在春
祝玉清
杨浩
蔡松华
蔡铁生
彭仲民
人物表
名人与杨岭
宋玉侨居崎山，成就大作《九辩》
李白追梦崎山
明代名相张居正应城西乡访友
段德昌组建西山矿区丁家岗矿工会
刘少奇考察膏盐矿区
彭德怀与盐棚工人座谈
贺龙巧胜龙王集
陶铸在矿区开展统战工作
李先念指挥反食盐封锁
陈少敏惩办不法峒商
钱运录考察杨岭

大事纪略

石膏的发现与产业发展

潘家集峒盐兴衰
民国早期杨岭工人运动
1932 年龙王集大捷
临时文化补习学校办学始末
“应城八条枪”抗日
中共党组织在杨岭的建立
杨岭四大水库修建
1985 年钱运录考察杨岭，古镇再续石膏新篇章
修建应城国家矿山公园
生态农业建设

附录

乡规民约
“义门陈”家训、家法、家规
杨岭镇王姓二十一世家训
杨岭镇新四村乡归公园主题词
五份村村规民约
新四村乡风民约三字经
村、组名称

主要参考文献

编纂始末

梅李镇志

聚沙成塔　孝爱梅李

基本镇情

建置　区划
建置沿革
社区
行政村
区位　交通
地理位置
交通
自然环境
地貌
河流
气候
人口　姓氏
人口总量
外来人口
民族
人口结构
姓氏
经济发展
镇域经济
农业
工业
服务业
财政收入
社会事业
科技
教育
文体
医卫
社保

经编名镇

经编历程

经编起步
经编发展
经编提升
经编平台
轻纺工业园
纺织科技城
经编分会
政府服务
经编产品
主要产品
名牌产品
特色产品
产品标准
装备与产能
主要装备
产能

宜居小镇

镇村规划
总体规划
专项规划
基础建设
基础设施
街区建设
公共设施
美丽家园
示范村庄
居住生活区
休闲活动区
生态环境
河道景观
绿化景观
绿色建筑
功能设施
文化设施
教育设施
健身设施
医养设施
民生保障
教育
就业
社会保障
医疗卫生
社会管理

现代农业

建设发展
基础概况
发展规划
项目建设
优质粮源区
标准农田
规模经营
互联网 + 合作社
科技指导中心
精品蔬果区

蔬菜基地
示范基地
葡萄基地
合作组织
为农服务中心
多元农业区
休闲农业
红豆树基地
畜禽养殖基地
加工商贸区
交易市场
加工项目
电子商务中心

文物古迹

文物保护单位
聚沙塔
刘神堂
爱日精庐
张氏古宅
月河桥
涌金桥
抗日碉堡
控制保护建筑
梅李北街 71 号、73 号民居
梅李西街 40 号民居
古遗迹
冈身
贝堤
泻湖
北罗墩
青墩
古战场
江堤
古河道
盐铁塘
梅李塘
海洋泾
古寺庙
吉祥禅寺
福缘寺

孝爱之乡

“二十四孝”在梅李
扇枕温衾
哭竹生笋
刻木事亲
孝爱事迹
古代孝子
当代典型
孝爱组织
孝爱文化研究会
孝爱志愿者
孝爱课程基地
“孝和梅李、幸福家庭”指导中心
孝爱设施

孝廉广场
孝爱文化长廊
孝爱馆
孝廉教育馆
张太夫人纪念馆
其他设施
孝爱活动
孝爱评选
孝爱征文
孝爱活动

风土民情

非物质文化遗产
梅李木桶酱油酿造技艺
梅李龙园会书
梅李饭粢糕制作工艺
梅李老土布
梅李竹编
梅李灯会
梅李木杆秤制造技艺
岁时习俗
新年
元宵
二月二
二月十二
清明
立夏
端午节
夏至
七夕
中元节（七月半）
地藏王生日
中秋节
重阳节
十月朝
冬至
十二月二十四
除夕
民间礼仪
婚嫁
喜庆
丧葬
方言土语
俗语
歇后语
谚语
特色物产
东乡一品锅
清蒸长江刀鱼
梅李番瓜
酒酿饼
定胜糕
雪糊
梅李花边

艺文杂记

诗赋

胜法寺

过珍门庙

寨角

胭脂墩

建文石

文宁自梅林移居故宅赋此以赠

梅李灯

念奴娇·金秋珍门新貌

贺梅李小学百年华诞

散文

谈艺录

怀念龙园的瞿老四

乡关何处——“何村的故事综合艺术展”引言

碑记

梅李塘碑

建梅里书院记

重修通海桥记

新建大悲阁记

福寿庵记

颐真馆古树碑记

杂记

梅李最早的中药店

翁同龢与梅李张家

梅李最早的报纸——《虞东三日刊》

梅李大桥的演变

梅李历代里人著作

名人与名镇

人物传略

许光国

王伯广

王鼎

徐祯卿

顾柄

章士雅

盛元珍

黄廷鉴

金得顺

王守明

胡文藻

徐念慈

范和钧

李建模

徐苏恩

温肇桐

任天石

薛惠民

徐循初

徐永元

名人与梅李

瞿硎、支遁梅李论道

梅世忠、李开山与梅李镇

韩世忠驻军梅李
康基田兴办梅里书院
乱世良医任天石
谢飞战斗在梅李
评弹名家在龙园
科举进士

大事纪略

1928 年江南第一个信用合作社在梅李成立
“艺丝社”和《艺丝》周刊的始末
1934 年建立梅李第一个中共党支部
1937 年日军侵略梅李
1938 年重建中共常熟县委
1938 年“民抗”在梅李诞生
1939 年寨角战斗
1944 年苏常太武工队成立
1997 年梅李镇成为江苏省首批新型示范小城镇
1999 年梅李、赵市、珍门三镇合并
1999 年梅李镇成为江苏省首批环境与经济发展示范镇
2010 年梅李镇成为江苏省首批强镇扩权试点镇
2014 年梅李镇获“国家园林城镇”称号
2014 年梅李镇成为常熟市首个世界级“健康社区”
2015 年农业部带领太平洋岛国农业官员到梅李参观
2016 年梅李镇与马来西亚沙巴州兵南邦县缔结友好乡镇
2017 年中央电视台《传奇中国节 · 中秋》特别节目走进梅李

主要参考文献

编纂始末

王村镇志

《聊斋志异》诞生地

基本镇情

区位交通

区位

交通

建置区划

建置沿革

行政区划

自然环境

地形　地貌

气候

矿产

土壤

人口与民族

人口

民族

经济社会发展

农业

工业

社会事业

蒲松龄与王村

设帐毕府

课徒生涯

东西情深

六赴乡试

读书著述

博览群书

民间采风

纵志游历

社会交往

毕氏人物

社会名流

官宦人物

轶闻传说
蒲松龄与书童
蒲松龄拉纹
蒲松龄笔下有关王村地区文学作品举要
取材毕府
笔涉公益
交游吟咏
“蒲松龄与王村”研究概况
蒲松龄坐馆年代与创作研究
蒲松龄坐馆环境与交友研究

姓氏家族

淄西毕氏
家族源流
耕读积善
毕木教子
敦宗睦族
文学艺术成就
联姻名门
家产家业
苏李庄王氏
家世源流
家产家业
遗迹寻踪
李家疃王氏
家族分布
官宦闻人
撰修族谱
淄西邱氏
家族分布
官宦闻人
撰修族谱
淄西沈氏
家族分布
官宦闻人
撰修族谱
王村牛氏
家族分布
官宦闻人
撰修族谱
王村杨氏
家族分布
科举闻人
撰修家谱
道开丁氏
家族分布
科举闻人
撰修家谱
官庄王氏
家族分布
科举闻人
撰修家谱
彭家庄彭氏
家族分布
科举闻人
撰修家谱
尚家庄尚氏

家族分布
科举闻人
撰修家谱

文化遗产

文物保护单位
省级文物保护单位
市级文物保护单位
区级文物保护单位
周村区第三次文物普查登记文物
李家疃遗址
大黄埠遗址
大史家庄遗址
和家庄遗址
毛家泉
毛家庄古券门
张古城玉皇阁
王村老醋厂旧址
李家疃窑炉群
张古城古井
毕氏家族四道诰命圣旨
传统古村落及建筑群
传统古村落北河东村
传统古村落东铺村
彭家庄李氏家族清初古宅院
清朝王村牛氏家族住宅
已消失或残存文物
候仙园
拱玉园
乐静园
堡子城
大史家村毕家花园
陈家庄神坛
大兴教寺碑刻
尹家庄邱氏家祠
尹家庄魁星楼
王村基督教教堂
葫芦山石大夫石
龙舟山虎头石
非物质文化遗产项目
王村醋、黄酒传统酿造技艺
“斗鹌鹑”舞蹈表演

小城镇建设

规划
城镇建设规划
村庄建设规划
镇区建设
市场建设
中心大街
工业小区
镇区管理
基础设施
供电
供水
供气

供暖
有线电视　网络通信
客货运输
道路建设
环境保护
环保发展
大气治理
污水处理
公共服务
文体场所
环境卫生
公共照明
金融　保险
邮电
行政服务大厅
住宅建设与新型社区
住宅建设
大史社区（王村中心居住区）
彭东社区（彭东中心居住区）

特色产业

王村黄酒　王村醋
风味特点
历史渊源
产业壮大
王村绸
品质性状
历史记载
原料采购
生产工艺
盛衰过程
耐火材料产业
耐火黏土开采
耐火材料生产
企业选介

风土风情

习俗
生育习俗
生日习俗
婚嫁习俗
丧葬习俗
节庆习俗
信奉习俗
方言
语音
词汇
语法
短语
句子
谚语与歌谣
气象、农事类
生活、事理类
童谣
民谣

名人与名镇

贤臣循吏

王教

毕自严

乡贤俊彦

毕恪

毕忠臣

王宣化

毕木

毕自寅

毕自肃

王所须

沈润

毕际竑

邱璐

毕际有

袁藩

毕际孚

毕世持

王鼎荫

王新荫

毕盛钜

毕世济

李毕氏

王悦衡

毕远翱

毕道远

杨学峻

彭广兰

名师良医

胡延祚

丁进生

郭玉英

王焕奎

邱淑筠

崔馥堂

张笃甫

彭少卿

王宗珊

英模人物

石祚福

丁慎英

许建法

贾桂芬

柳文湖

毕悦德

杂记拾遗

白南八景

豹峰龙祠

白岳云观

巉岩花雪

青嶂石泉

幽谷神医

万安流觞

白河瀑布

华岫牛笛

毕木西园十景

毕自严与董其昌

孙廷铨与玉皇阁

陆游石砚流落西铺村

毕盛育兴园艺

“仙人床”和“采和石”

“二五”梯队为害一方

艺文

散文

候仙园记

候仙园

石隐园

诗歌

继游燕窠寺

元宵登青龙山

两儿慎、严入泮承济上牛斗枉贺

看豹山铸钟

滴水泉

辞朝

壬辰生日

丁卯三月望前一日，邀于鼒先登冲山分赋

四月朔，石隐园小酌，用鼒先韵

途次和张年翁咏桃花

戊寅夏日题泌水园

游毕旭阳拱玉园归于生鼒先以记见示赋此并怀白阳毕公大司徒

石隐园题咏

清明同友人游虎头石

九日登凤山遇雨

寿毕孟议仲友母夫人

韩燕翼邀饮候仙园毕司农白阳公石隐园

西过道开庄穷水源

对盆水忆道开泉上坐

候仙园二绝

题候仙园

题石隐园竹

候仙园消夏同毕公载积袁兄宣四

坐渚头湾桥上

题候仙园亭壁

石隐园修邑志成，赋别载积先生

又

清明集饮白泥河

青嶂石泉

清明日独上长白有怀

书见

清明山游

修河叹

石隐园有感

赋得师直为壮

楹联

毕木题白业堂联

毕木题说乐堂书舍

毕木题西圃草堂联

毕木题玉清堂联

毕木题场门二联
毕木题投豆亭联
毕木撰族谱家训联
徐日升题西铺毕府振衣阁联
蒲松龄励志联
西铺毕府万卷楼联
毕道远题西铺狮子大门联
西铺石牌坊联（一坊两面）
序
《聊斋志异》序言（一）
《聊斋志异》序言（二）
碑记
炳灵公庙八不砂大王令旨
孝廉世济募
万家庄菩提庵碑记
淄川县衙保护大史家庄虎头石碑记
大史家庄改良风俗碑记
彭家庄泰安祠碑记

大事纪略

修建大兴教寺
修建炳灵公庙
修建堡子城
王焕奎唱红“肘鼓子”戏
王村的新文化运动
大尚村惨案
1980 年、1984 年，中共中央、国务院、中央军委两次给山东生建八三厂发来贺电
1993 年王村铝土矿焦宝石获“国际欧洲质量奖”
王村镇集体企业产权改革
2008 年胶济铁路“4 · 28”特别重大交通事故救援
2010 年李家疃被命名为中国历史文化名村

附录

树荆堂毕
列车相撞后的凡人善举

主要参考文献

编纂始末

八一镇志

人间净土　雪域江南

基本镇情

区位交通

地理位置

公路汽运

航空

建置区划

建置

区划

村庄简介

附：巴宜区城区街道办事处

自然环境

地质　地貌

气候

土壤与植被

人口　民族

人口源流

民族构成

经济发展

旅游产业

种植业

畜牧业

渔业

建筑建材行业

特色产业

社会事业

教育

医疗卫生

群众文化

人民生活

社会保障

生活水平

民族工作

民族平等

民族团结

山水生态

念青唐古拉山八一段

邦雄吉日再雪山

格尼山

叶达山

旺都山

尼西神山

主要河湖

尼洋河

巴河

措木及日湖

自然资源

森林植被

主要树种

古树名木

野生植物

野生动物

草场

生态保护

水资源保护

森林资源保护

植树造林

自然保护区

工布自然保护区八一片

林芝巴吉巨柏自然保护区

比日神山国家级森林公园

八一城区湿地公园

旅游胜地

景区景点

比日神山景区

世界柏树王园林景区

林芝自然博物馆

卡定天佛瀑布森林景区

藏东南文化遗产博物馆

千年核桃民俗文化村

措木及日蓝冰湖国家森林公园

旅游线路

八一镇辖区内景区一日游

八一镇辖区内景区两日游

八一镇至雅鲁藏布江大峡谷

八一镇至米瑞景区

八一镇至百巴景区

八一镇至布久景区

八一镇至措木及日湖景区

旅游节庆

雅鲁藏布江文化旅游节

林芝桃花文化旅游节

乡村文化艺术节

旅游服务

旅行社

宾馆

藏家乐

餐饮

城乡建设

城市规划

《八一镇城市建设总体规划》

《林芝地区八一镇总体规划（1996—2010）》

《林芝地区八一镇总体规划（2005—2020）》

市政建设

道路

桥梁

公共广场

公用设施

市内交通

水电

园林绿化

公园绿化

城区绿化

沿河绿化

城市公共绿化

居民小区

尚城花园

雅江小区

太阳城

嘉龙花园

德吉小区

龙泉小区

清苑小区

林芝公寓

青年公寓

和谐小区

林芝花园

福建公寓

配套设施

学校

医院

福利院

银行

邮政通信

市场建设

新农村建设

安居工程

小康示范村建设

人居环境改善

援建扶贫

援藏政策

第一次、第二次西藏工作座谈会

第三次西藏工作座谈会

第四次西藏工作座谈会

第五次西藏工作座谈会

第六次西藏工作座谈会

援建项目

第一批援建项目

第二批援建项目

第三批援建项目

第四批援建项目

第五批援建项目

第六批援建项目
第七批援建项目
扶贫减贫
扶贫机制
扶贫项目
附：林芝地区援藏 20 年（节录）

双拥模范

驻军
西藏军区驻军
中国人民武装警察部队
支援地方
支援地方经济建设
参与绿化建设
对口帮扶
开展科技扶贫、教育扶贫
参与抢险救灾
拥军
参战支前
支援部队建设

工布印象

宗教
苯教
藏传佛教
宗教场所
农耕习俗
农业祭祀
丰收祭祀
开耕下种
攘灾消祸
生活习俗
服饰
饮食
居住
人生礼仪
婚俗
丧葬
待客礼仪
日常禁忌
生活禁忌
饮食禁忌
起居禁忌
生育禁忌
其他禁忌
岁时节庆
藏历新年
工布新年
萨噶达瓦节
过林卡
转山节
舞蹈　音乐　曲艺
歌舞
器乐
曲艺
民间艺术

玛尼堆
绘画
雕塑
工艺
游艺竞技
工布响箭
抱石头
拔河
赛马射箭
胡朵表演
藏式围棋
藏牌
骰子

物产美食

林下菌菇
松茸
木耳
猴头菇
扫把菇
羊肚菌
青冈菌
藏药材
灵芝
贝母
天麻
虫草
雪莲花
龙胆花
畜禽水产
牦牛
黄牛
犏牛
藏绵羊
藏香猪
藏鸡
平鳍裸吻鱼
平鳍鳅鮀
棒子鱼——似鱤
民族手工艺品
藏香
藏刀
美食
石锅鸡
桃花饼
林芝香腿鲜花饼
牦牛酸奶
奶渣
糌粑
酥油茶
风干牦牛肉

名人与名镇

人物传略
苏卡·洛珠加布
第穆·拉旺丹贝坚赞

第穆·阿旺拉木喀嘉样
第穆·阿旺绛白德勒嘉措
阿塔尼玛扎巴
东嘎·洛桑赤列
人物事略
陈渠珍与《艽野尘梦》
谭冠三与八一将军楼
张经武在八一调研
张国华在八一设第 18 军军部
阴法唐率驻军建设八一
宗巴两次受到毛泽东主席接见
白玛才旺在八一
格桑旺久两次见到习近平
援建干部与八一
尹汉章
王彩友
王栋
八一英模英才
普布次仁
程昭永
米玛
陈永光
仁青拉姆

艺文

民间文学
神话传说
民间故事
民间歌谣
诗文选录
诗歌
散文

大事纪略

1910 年赵尔丰改土归流
1910 年陈渠珍率清军剿匪
1959 年“丁指”部队营建八一新村
1959 年觉木宗剿匪
1966 年建立西藏第一个现代化纺织厂——林芝毛纺厂
1969 年建立西藏林芝地区第一小学
1970 年建立西藏新华印刷厂
1986 年林芝地区行署始设八一镇
1988 年多布石器遗址考古发掘
1998 年公众村成为西藏自治区第一个电话村
1998 年中国雅鲁藏布大峡谷科学探险考察队首站设在八一镇
1999 年建立林芝地区烈士陵园
2005 年林芝县政府迁至八一镇
2006 年八一镇获“中国人居环境范例奖”
2012 年唐地村成为西藏“网络第一村”
2013 年公众村打造西藏民俗第一村
2015 年八一镇入选国家新型城镇化综合试点地区名单

附录

文件选录

关于成立八一镇的批复

关于林芝县机构更名的通知

关于成立林芝县街道办事处筹备组的通知

调研报告

公众村精准扶贫精准脱贫调研报告

章麦村精准扶贫精准脱贫调研报告

巴吉村精准扶贫精准脱贫调研报告

口述回忆

林芝八一毛纺厂的创业岁月

主要参考文献

编纂始末

双林镇志

江南水乡——绫绢古镇

基本镇情

建置区划

镇名

沿革

区划

社区

村落

地理、交通

地理

环境

交通

镇区阛阓

古镇渊源

镇区布局

街巷分布

古镇保护区

经济建设

经济总情

农业结构

农业耕作

现代农业

工业结构

现代工业

传统绫绢业

特产绫绢

商业贸易

社会事业

镇区公建

新农村建设

水电燃气

有线电视

医疗卫生

社会保障

居民生活

文化、体育、教育

文化设施

地方标志文化

健身路径

古今教育

绫绢生产

蚕桑

桑种

桑园
蚕种
饲蚕
蚕事
蚕茧
茧站（库）
缫丝
湖丝
丝经
厂丝
缫丝工艺
缫丝设备
缫丝企业
丝市
丝行
蚕丝出口
绫绢史略
源流
织品
织机
附：操作原则
工艺
绫绢传承
古代名品
当代名品
“汉贡”商标
绫绢产销
织户
染坊
经销
绫绢企业
双林绫绢厂
湖州云鹤双林绫绢有限公司
天工绫绢厂
双林邢窑绫绢厂
康明绫绢厂
天强绫绢工艺品有限公司
湖州双林赛英绫绢有限公司
其他绫绢生产企业
其他丝织
绉纱类
绋丝与丝绣
附：丝织十字经
丝织企业

蚕丝绫绢文化

蚕花
奉蚕花
春节蚕花
清明蚕花
蚕时蚕花
蚕织习俗礼仪
蚕事俗称
蚕桑习俗
丝织习俗
蚕织歌咏、谚语
蚕桑民歌

蚕桑谚语
双林织歌
蚕织诗歌
缫织车机
木制丝车与工艺
小花栖提花织机
绫绢装裱
工艺流程
标准与行规
工艺传承人
蚕织文化遗存
绢庄行坊
绢业会馆
蚕丝绫绢地名

名胜古迹

双林三桥
万元桥
化成桥
万魁桥
旧馆塘三桥
永安桥
埭溪塘桥
明溪塘桥
大小虹桥和还金亭
大小虹桥
还金亭
其他古桥
双花桥
金锁桥
镇安桥
万安桥
耕坞桥
永丰桥
妙严桥
永安桥
观音桥
永宁塘桥
永广兴桥
八字桥
假山桥
山水、庭园
双溪
花溪
墨浪河
清泉漾
盛林山
木瓜墩
庆苑公园
新我亭和费廊
寺、观、庙、祠、教堂
水镜寺
福田寺
灵济寺
陶庵
华严庵
广陵观

东岳庙
吉祥庙
文昌阁
祠堂
耶稣堂
天主堂
名人故居
徐有壬中丞第
沈桐中丞第
姚学塽进士第
李宗莲进士第
古民居
虹桥陈宅
虹桥蔡宅
沈史曾旧宅
南竞路潘宅
旗杆埭陈宅
经堂巷高宅
九思弄陈宅、沈宅
东庄湾蔡宅
凤凰路赵宅
胡善庆旧宅
陈锡藩旧宅
王氏志远堂
东荡里陆宅
郑氏住宅
金万堂
天成里陈宅、胡宅
俞守纯、俞杰甫旧宅
沈河坊 9 号民宅
油车弄蔡宅
金锁路许宅
王英甫旧宅
蒋家弄汪宅
苕南吴宅
罗汉里李宅
汪家弄汪宅
千亩埇吴宅、姚宅
镇西杨宅
其他古建筑
西荡航船埠头
启泰当铺
高兴记米行
张公和米行
双林粮仓
轧米车间
卫生院旧址
大观楼（天韵楼）
古遗迹
石街、砖街、石路
花岗石圆帮岸
古香樟、古银杏树
湾西小圃
犟三庄
伴石居
文化遗址
洪城遗址
丁泾遗址

邢窑遗址

花城遗址

盛林山遗址

荣村遗址

谢村遗址

宝塔漾遗址

环桥（前营桥）遗址

效五圩遗址

俞家兜遗址

花盘兜遗址

山后头遗址

古村落

东林村

花城村

儒林村

西阳（丁泾）村

履塔村

谢村

公余庄

雉头村

千亩塌村东汇角自然村

文物、文保

文物藏品

现存碑碣

文保单位

民间文化

戏迷

水路戏班

难过双林塘桥头

京剧票友

京剧演员

双林凤凰艺术团

曲艺

剧场书场

戏台

书画

墨河画苑

费新我艺术馆

民间书画组织

文艺

民间刊物

民间文学

民间音乐

民间曲艺

民间器乐

技艺

非物质文化遗产

莫蓉湖笔

双林盆景

女红

民间美术

风土民情

物产

板羊肉

姑嫂饼
子孙糕和水晶糕
八珍糕
米酒
熏豆
镬糍
方糕
寸金糖
年节圆子
器用及制作工艺
造木船、渔船
木橹
竹制罱（捻）篰
箍桶
风箱
刻花糕板
补碗、生铁补镬子
高跷
墟市、名店
古代墟市
沈德大
孙万顺
天韵楼
贝泰来
民情
居住
家庭
饮食
饮茶
礼仪
出生
冠笄礼
上学
婚礼
寿庆
祭祀
祭神
丧葬
岁俗
正月
二月
三月
四月
五月
六月
七月
八月
九月
十月
十一月
十二月
庙会游艺
东岳庙会
其他庙会
民间游艺
方言
方言词语
地方谚语

名人与名镇

历史名人

沈梦麟

凌云

张渊

沈如霖

茅瑞徵

严我斯

陆肯堂

沈铨

姚学塽

徐有壬

凌奂

程静山

莫觞清

俞玉书

李次九

沈子槎

梁希

汤祖兴

徐恩元

吴佩璜

吴惠秋

蔡声白

叶橘泉

陆伯龙

高敬基

费新我

黄笃初

闵一帆

沈炳麟

朱兆衍

洛汀

名人与双林

陈所志撰《双林赋》

梁希家世与双林情结

费新我捐资重建还金亭

沈炳麟捐建庆同小学、庆苑公园

双林望族述略

双林吴氏

双林蔡氏

艺文

文存

双林赋

重建化成桥碑铭

革普光桥栅关碑

太平桥改创观音阁文

千松禅院碑

重修禹王庙碑记

重修观音桥记

吴总管祠碑记

乡约所碑

修复澄心庵古讲堂记

改建清风桥记

修复水镜禅院文
药师庵碑记
重修虹桥记
重修万魁桥记
蓉湖书院记
重建还金亭碣
传说
木瓜墩与凤凰潭
双林又称凤凰镇
“石街漾”来历
徐秀才戏弄无礼人
歌谣
夯歌 · 桥
苕南央娜唱词
双林商号歌
双林节气歌
儿童歌谣
诗词
双溪渔唱
双溪八景
东林十二景
双溪棹歌
散咏
楹联
斋坛极殿联
东岳庙大殿柱联
澄心庵联
盛林山五圣堂联
六总管庙吹台石柱联
蓉湖学堂柱联
吴兴各界公祭抗日阵亡将士大会挽联

大事纪略

明永乐三年得名双林
1929 年“沈德大”姑嫂饼获金奖
1963 年成立莫蓉湖笔组
1979 年建墨河画苑
1981—1982 年建庆苑公园
1985 年双林通公路
1995 年双林绫绢注册“汉贡”商标
2005 年绫绢邮票献国礼
2008 年绫绢织造技艺入选国家级非物质文化遗产名录
2012 年双林三桥入选国家级文物保护单位
2013 年费新我艺术馆开馆
2016 年获评“中国杜鹃盆景第一镇”

附录

主要参考文献

后记

来凤街道志

名驿来凤

基本街情

建置　区划

建置沿革

行政区划

区位　交通

区位

交通

生态环境

地貌

山川

水系

地质

气候

自然资源

森林资源

植物资源

矿产资源

动物资源

人口

接收安置移民

户籍制度改革

城镇建设

场镇规划建设

水、电、气供应

巴渝新居建设

环境整治和美丽乡村建设

经济发展

工业

农业

旅游

文体事业

教育

文物保护

群众文化

群众体育

社会建设

卫生

社会保障

就业

千年古驿

来凤驿站

设立

沿革

铺递

邮代驿路

“驿驴”与“飞钱”

民信局

邮政代办所

古迹文物

王翰林府

位置　环境

建筑风貌

三道牌坊

功绩坊

百岁坊

节孝坊

来凤凉桥

旧貌

变迁

新开坦途碑

碑文

典故

老城墙

五道城门

四座炮楼

黄家花园

旧貌

新颜

邓家院

历史风貌

发展变迁

七宫五庙

天后宫

文昌宫

万寿宫

地主宫

紫云宫

南华宫

惠民宫

雷神庙

禹王庙

文庙

马王庙

玉皇观

老关口

重庆第一关

兵家必争地

诗文墨迹

佛荫寺古碑

明万历十七年（1589）功德碑

清乾隆十五年（1750）重修大雄宝殿及帝庙功德碑

其他遗迹

宝胜寺

大佛岩

竺云惜字所

佛耳岩

古佛寺

三圣寺

天灯寺

西寿寺

禹王庙

来凤鱼

来凤鱼的起源与传承

发轫

诞生

发展

传承

来凤全鱼宴加工工艺

用料

烹制

品类

来凤鱼传统烹饪技艺

选料

配料

烹制

逸闻轶事

报社记者首推来凤鱼

杨萱庭题写“鲜鱼美”

梁上泉喜题“鱼味无穷”

传统工商业

来凤土布

沿袭期

发展期

衰颓期

来凤玻璃

创办

发展

停办

来凤陶瓷

天福碗厂时期

津璧连山土碗联销处时期

新记天福碗厂时期

天福陶瓷厂时期

璧山瓷厂时期

“天生元”药局

“天生元”主人

初名“济生堂”

“仍丹”由来

发展历程

肖家花铺

初创时期

鼎盛时期
衰落时期
来凤“同昌永”
创始人王用之
开办煤厂、铁厂
成立“同昌永”
盐糖运销
运输
销售
经营发展
福生璧庄
机构
业务
效果
麻油水烟
水烟的起源与制作
刘德辉创制“麻油水烟”

风土风情

岁时节令
过年
正月初一
元宵节
偷青
二月初二土神生
文昌会
春社
观音菩萨生日
寒食节
清明节
清明会
三月会
东岳生日
吕仙生日
药王会
端午节
傩舞
立秋尝新
青龙戏
盂兰会
漂河灯
中秋节
十月初一牛王生
腊月二十四灶王生
除夕守岁
建屋习俗
祭梁
上梁
接包
抛梁
待匠
婚嫁礼仪
请媒
提亲
看人
合八字
订婚

请期
迎亲一
开脸
哭嫁
迎亲二
花轿临门
拜轿
行周堂礼
闹新房
回门
入厨
丧葬礼仪
祭礼
报丧
请道士
开奠
出丧
烧灵
烧七
生育生日礼仪
报喜
打三朝
满月酒
满百天
满岁
生机酒
寿堂
拜礼
回拜
打发
农业生产习俗
出秧门
打幺台
装口袋
薅秧子
挞谷子
春耕春播
夏收夏种
秋收秋种
冬耕冬种
饮食习俗
打牙祭
打粑
酿造
水八碗
家常小吃
扯场子
扯谎棒卖打药
外家
内门

民间艺术

舞蹈与曲艺
龙灯舞
狮子舞
彩船舞
连箫舞

荷叶
清音
莲花落
金钱板
川剧（川杂剧）
名旦谢小华
演出
剧目
民歌民谣
山歌
情歌
儿歌
喜歌
丧歌

名人与名镇

历史人物
陶升
何增元
刘宇昌
王倬
周继盛
何铤
王用之
黄岐生
僧善印
邓善之
刘静轩
张炳良
唐志云
邓永泉
岳水清
曾树臣
名人留踪
刘伯承转战来凤驿
陈先沅自戕殉国救来凤
梁漱溟在来凤驿办勉仁中学
王维彻在来凤驿起草勉仁中学《办学意见述略》
熊十力避难来凤驿
晏阳初设立“中国乡村建设育才院”来凤办事处
陶行知在来凤驿普及教育
老舍打尖儿来凤驿

艺文杂记

诗词
石佛寺
池萍
再经来凤驿
来凤驿大佛寺题壁
云居寺
咏璧山县来凤驿诗
三月五日来凤驿钓台饮酒即事
客来凤驿寄怀
来凤驿晓发

来凤驿
文选
新增秋波一转论
示禁滋扰碑记
重修大成殿碑记
璧山祝氏族谱序
何氏百岁坊序
重修龙隐山福荫禅院序
蜀游日记（摘录）
湘绮楼日记（摘录）
创办私立勉仁中学校缘起暨办学意见述略
增订十力语要缘起
与刘冰若
从香山洞到来凤驿之聚
熊先生回到璧山来凤驿的前前后后
父亲与熊十力相聚西寿寺的日子
我与来凤驿的一群苦孩子
蜀游萍踪（摘录）
璧山来凤驿：旧社会的新式婚礼
忆解放军三十五师教导大队在来凤驿
重振雄风“来凤鱼”
有凤来兮有鱼美兮
来凤民居张家大院
来凤水乡谣
来凤鱼赋
古驿老树
来凤驿：马蹄唱响的光阴赞歌

大事纪略

宋代设王来镇
元代来凤得名
明末来凤驿三次被占
明末秦良玉来凤平乱
清初吴三桂军过来凤驿
清康熙年间设驿站办义学
清代寄治来凤驿
清代建来凤凉桥
清代“肖家花铺”肇兴
清代建何氏百岁坊
清代邮路代替驿传
1926 年开办璧山县第一家玻璃厂
抗日战争时期来凤驿空战
梁漱溟创办勉仁中学
1945 年《中国文化》出刊
1949 年来凤驿解放
1950 年场镇街道重新命名
1959 年璧南河来凤段通航
2003 年来凤镇整体并入青杠街道办事处
2010 年设立来凤街道

附录

来凤荣誉
获评全国优秀工会积极分子
与市劳模

体育赛事获奖

特色美食获奖

获评“经济强镇”

获评“市生态村”与“生态文明建设示范镇街”

命名“民主法治示范社区”

获评“重庆市双拥模范单位”

获评“全国综合减灾灾灾示范村”与“全国标准化气象灾害防御镇街”

获评“农民新村市级示范点”

获评“市级全域旅游示范村”

主要参考文献

编纂始末

北七家镇志

温榆河畔科学城

基本镇情

建置沿革

镇名由来

隶属关系

辖区变化

村庄社区

区位交通

区位

交通

自然环境

地质地貌

气候水文

土壤植被

自然资源

人口　民族

人口

民族

居民生活

居民收入

居民支出

衣食住行

经济社会发展

经济建设

社会建设

小城镇建设

试点政策

土地政策

户籍政策

产业政策

财政政策

镇域规划

总体规划

控制性详细规划
基础设施建设
水电气热
水利设施
道路交通
邮政通信
房屋建设
居民住房建设
办公用房建设
流动人口管理
人口数量
管理模式
环境治理
平原造林工程
垃圾处理及再生资源回收
拆违控违
河流治理
城镇化进程监测与评价
监测指标体系
监测指标分析
监测指标对比分析

未来科学城

规划
总体规划
专项规划
政策
示范区政策
人才引进政策
建设
土地拆迁与路网建设
智慧城市建设
配套设施建设
生态环境建设
产业
入驻企业
研发机构
产业项目
管理服务
管理体制
管理机构
运营机构

产业园区

北七家高科技工业园
园区建设
园区经济
宏福科技园
园区发展
配套服务
互惠合作
特色企业
TBD 云集中心
业态构成
项目规划设计
入驻产业

宝隆艺术区

艺术创作

教学研究

展览展示

拍卖交流

旅游会展

旅游资源

广场公园

文化场馆

娱乐项目

旅游设施

住宿酒店

附：康熙行宫

特色餐饮

商业街区

会展活动

会议活动

展览展示

新农村建设

旧村改造

试点工程

房地产开发模式

整体开发模式

村容村貌整治

社区化建设

乡村道路硬化

饮用水改造

污水管网改造

厕所改造

节能路灯改造

清洁能源利用

集体产权制度改革

土地所有权确权

土地流转经营改革

股份经济合作社改革

农村民主管理

民主选举

村民自治

民主决策

村务公开

风物遗迹

寺庙

关公庙

菩萨庙

药王庙遗址

娘娘庙

五帝庙

龙王庙

土地庙

真武庙

青龙寺

马王庙

佛爷庙
玄武庙
玉皇庙
二郎庙
阎罗庙
八仙庙
古树
文冠树
柏树
槐树
杨树
古井
郑各庄村铜井
白庙村古井
古桥
东二旗村漫水桥
平坊村古桥
郑各庄村古桥
古塔石幢
郑各庄村古塔
南七家村古塔
郑各庄村石幢
古钟
南七家村观音庵记事铁钟
平坊村菩萨庙钟
歇甲庄村古庙铁钟
平西府村铜钟
燕丹村铁钟
东三旗村铁钟
墓葬棺椁
沟自头村李将军墓
平坊村古墓葬
南七家村辽墓
南七家村元墓
南七家村辽金墓
八仙新村清安世鼎墓
郑各庄村瓮棺
沟自头村僧棺

风土风情

生活习俗
婚嫁
生育
寿诞
丧葬
民间信仰
郑各庄村祈雨
燕丹村七十二司八十八佛
民间礼仪
认干亲
认师收徒
开张
送行
乔迁
分家
民间技艺
剪纸

燕丹村高跷
五虎棍
小车会
中幡
大鼓
东二旗村夯歌

艺文杂记

墓志铭
明宣德七年白夫人墓志铭
明宣德十年刘通墓志铭
杂记
烈宦寇连材传
燕丹村元宵节灯会
正月十五闹元宵（节选）
鲁疃村轶事
传说
八仙庄的传说
海鹊落的传说
郑家庄（今郑各庄）的传说
歇甲庄的传说
东三旗的传说
鲁疃的传说
东二旗的传说
燕丹的传说

人物

人物传略
寇连材
刘聚奎
刘万昌
张志春
曹振国
曹振昌
赵永田
孙桂英
人物表
北七家镇革命功臣一览表
北七家镇革命烈士一览表
北七家镇获全国和市级劳动模范称号一览表

大事纪略

1939 年温榆河洪水灾害
1961 年东沙各庄建烈士陵园
1991 年北七家乡自办月刊创刊
1992 年北七家高科技工业园落成
1999 年北七家镇被列为全国小城镇综合改革试点
1999 年两镇一乡合并为北七家镇
2003 年北七家镇启动农村产权制度改革
2003 年北京邮电大学宏福校区奠基开工

2003 年北七家镇总体规划获得批复

2008 年北京奥运会火炬传递在郑各庄村举行

2009 年未来科学城奠基

2010 年海鹊落村第一期集体租赁房项目启动

2012 年宏福科技园纳入中关村国家自主创新示范区

2017 年北七家镇被确定为集体产业用地试点镇

附录

先进集体

重要文件

中共昌平县委　昌平县人民政府关于调整平西府镇等部分乡镇行政区划的通知

国务院体改办中国小城镇改革发展中心　关于同意北京市通州区宋庄镇等八镇列为全国小城镇综合改革试点的函

北京市人民政府农林办公室关于增加小城镇建设试点镇的通知

主要参考文献

编纂始末

博鳌镇志

博览天下　独占鳌头

基本镇情

建置区划

历史沿革

行政区划

村落圩市

历史文化村落

生态文明村落

名人故居村落

圩市

区位交通

区位

交通

自然环境

地貌

气候物候

人口姓氏

人口数量

人口迁移

姓氏分布

镇村建设

镇区面貌

镇区道路

公用设施

乡村建设

生态保护

经济发展

经济总量

主要产业

社会事业

文化教育

医疗卫生

居民生活

收入支出

衣食住行

休闲娱乐
社会保障

博鳌亚洲论坛

论坛发起
论坛成立背景
论坛成立筹备
论坛专家学者会议
论坛成立
博鳌亚洲论坛成立大会
博鳌亚洲论坛发起国
博鳌亚洲论坛宗旨
博鳌亚洲论坛组织结构
论坛建设
论坛规划建设
论坛发展建设
论坛历届年会
2002 年首届年会
2003 年博鳌亚洲论坛
2004 年博鳌亚洲论坛
2005 年博鳌亚洲论坛
2006 年博鳌亚洲论坛
2007 年博鳌亚洲论坛
2008 年博鳌亚洲论坛
2009 年博鳌亚洲论坛
2010 年博鳌亚洲论坛
2011 年博鳌亚洲论坛
2012 年博鳌亚洲论坛
2013 年博鳌亚洲论坛
2014 年博鳌亚洲论坛
2015 年博鳌亚洲论坛
2016 年博鳌亚洲论坛
2017 年博鳌亚洲论坛
2018 年博鳌亚洲论坛
论坛效应
开放效应
生态效应
旅游效应
商业效应
海南博鳌乐城国际医疗旅游先行区
基本概况
规划布局
建设状况
博鳌超级医院

田园小镇

田园小镇建设
从全域旅游到田园小镇
田园小镇规划建设
“两园两村”——乡村振兴样板
博鳌国家农业公园
培兰洋和龙潭洋生态循环农业综合示范区
沙美红树林湿地公园
南强“艺术 +”村
“乡村振兴样板”沙美村
田园小镇国际化

提升国际化服务水平

举办国际化赛事活动

特色旅游

特色线路

博鳌特色会展游

博鳌乡村生态游

博鳌高尔夫旅游

东屿岛温泉游

博鳌万泉河水上游

博鳌直升机观光游

博鳌医疗健康游

风景名胜

乐会县八景

博鳌亚洲论坛成立会址

博鳌亚洲论坛永久会址

玉带滩

博鳌东方文化苑

文物古迹

历史纪念物

名人故居

古街民居

井泉渡口

沙美防潮堤坝

古墓葬

宗祠庙宇

旅游服务

酒店宾馆

餐厅酒吧

购物服务

乡村民宿与农家乐

旅游交通

旅游码头

风土民情

物产美食

特色物产

风味美食

特色小吃

饮食风俗

呷歌碧

吃公道

民间礼仪

婚嫁

生育

寿庆

丧葬

建房造屋

岁时习俗

春节

元宵

二月二

清明

端午

七月半

中秋

冬至
地方殊俗
乐城闹元宵
军坡节
禾仙节
游艺习俗
万泉河赛龙舟
青塘山舞狮
渔号子
听八音
看琼剧
方言　俗语　歌谣
方言
俗语
歌谣

四海乡情

侨乡博鳌
1950 年前的移民
1950 年后的移民
华侨与家乡
支援中国人民革命事业
支持经济建设
热心公益事业
港澳台同胞
港澳同胞
台湾同胞
华侨民居
蔡家宅
卢家宅
何家宅
覃家宅
冯运焕民居

名人与名镇

人物传略
王绰余
龚选登
陈永芹
何浚
布鲁
卢鸿基
卢胜
钟厚昌
华侨人物
何麟书
何达启
蔡家森
龚镇东
吴维瀛
蔡家德
蔡有辉
卢家蕃
黄培茂

艺文杂记

诗词

乐会县八景诗

卢鸿基咏博鳌诗

传说故事

木龙神井传说

圣公石传说

莲花墩传说

鸳鸯岛传说

留客村的传说

文选

在万泉河入海的地方

藏在椰林深处的美（节选）

端午忆竞渡

汀州寻塔

楹联

民居楹联

村门、戏台、井庭楹联

祠堂、庙宇楹联

文存

乐会县儒学

儒学庙碑

修乐会县庙学记

重修乐会县学宫碑记

建城碑文

重修瀛洲文塔记

乐会县概况

大事纪略

明初博鳌成为乐会县治海防屏障

1973 年 14 号强台风灾后重建家园

1993 年博鳌旅游开发起步

2001 年亚洲论坛永久落户博鳌

2001 年东屿岛整村搬迁

2002 年撤乡并镇

2008 年《海南博鳌》邮票正式发行

2012 年起博鳌打造风情小镇

附录

博鳌镇单位、个人的荣誉录

博鳌之最

玉带滩入选“吉尼斯之最”

中国唯一大型濒海温泉——北岸温泉

亚洲唯一全岛型林克斯风格高尔夫球场

首家 AAAAA 级中国绿色饭店

主要参考文献

编纂始末

老城镇志

琼州门户　珠崖重镇

基本镇情

建置区划

建置沿革

圩市村庄

区位　面积　交通

区位

面积

交通

自然环境

地质地貌

河流港湾

土壤

气候

水文

自然灾害

人口　姓氏　民族

人口

姓氏

民族

镇区建设

基础设施

生态建设

城镇建设

经济发展

农业

林业

畜牧业

工业

商贸业

社会事业

教育

卫生

文化

体育

居民生活

收入支出

衣食住行

社会保障

古镇风貌

寺庙祠墓

永庆寺
澄迈文庙
关圣庙
东水港村天后庙
李氏宗祠
冯氏大宗祠
夏阳侯庙
姜氏宗祠
丘濬母李夫人墓
冼夫人衣冠冢
冯氏古墓群
林汉臣（林宪辰）墓
建筑数珍
文物古迹
古码头
火山石古民居
封平约亭
广德桥（里桥）
古牌坊
碉楼
古塔
古村遗韵
罗驿村
石矍村
潭昌村
龙吉村
倘村
国社村
马村

长寿之乡

长寿人口
概况
百岁以上长寿老人
长寿荣誉
长寿村庄
长寿家庭
长寿明星
长寿夫妻
敬老之星
长寿文化
评选与主题活动
长寿原因探寻

风土民情

宗教信仰
佛教
道教
基督教
生产生活习俗
生产习俗
生活习俗
节令习俗
待客习俗
生活禁忌
“非遗”习俗

疍家习俗
渔歌
渔谣渔谚
公期
公期渊源
活动形式
公期时间
特色物产
龙吉米
白莲鹅
马村沙虫
大场青蟹
老城角虾
上吉牡蛎
东水午鱼
美食小吃
老城腌粉
老城糯米粑
鸡屎藤粿
老城粉糕
老城油粿
方言
客话
村话

休闲旅游

旅游景区
盈滨半岛度假区
乡村旅游
景观景点
独珠回峰
双滩赴海
永庆丛林
大胜参天
北岸渔歌
西峰牧笛
通潮飞阁
伏波灵祠
李恒谦故居
冼夫人纪念馆
国社岭
石花洞
头嘴炮台
爱国主义教育基地
风门岭革命烈士纪念碑
马白山将军纪念园
中共马村支部三送情报遗址
澄迈县第二高等小学旧址
朱献烈士墓
十九烈士墓
盈滨龙水节
龙水节由来
洗龙水
赛龙舟
旅游配套
旅游机构
宣传推介

旅游设施
宾馆酒店
休闲健身

新兴产业

海洋港城
境内海域
海洋产业
海上运输
物流业
国家枢纽港
工业重镇
传统工业
现代工业
重点企业
开发先驱
海南老城经济开发区
海南生态软件园
海口综合保税区
海南生态智慧新城

名人与名镇

人物传略
李夫人
李震器
洪溥
吴景晖
吴逊之
李恒谦
李福庇
马白山
吴乾章
李独清
名人与老城
冼夫人与老城的千年之缘
苏轼与老城通潮阁
老城义士赵梦得
白玉蟾童年在老城
丘濬与老城的不解之缘
张岳崧授业留题罗驿村
人物表

艺文杂记

古代诗文
致梦得秘校尺牍
伏波庙记
六月二十日夜渡海
澄迈驿通潮阁二首
别海南黎民表
织机
白莲诗
早春
游白石洞
入琼时舟中有感
上廉访司

澄迈老城怀古
当代诗赋
六芹山怀旧
海南，我的故乡
老城赋
楹联
永庆寺楹联
国社村姜氏宗祠楹联
文大村曾氏祖祠楹联
罗驿村忠烈公祠楹联
石礶村将军第楹联
龙吉村远侯庙楹联
大成殿楹联
关圣庙楹联
马村马伏波公祠楹联
碑铭
遵修圣宫设义学记
太宜人李氏墓志铭
约示家规
马村等八个村的团练立约勒示
马村马其宾支族祖训家规
著作提要
《老城镇志》
《瑰宝老城》
《星辰曾经灿烂——画说澄迈古县治老城》
《老城古文化保护和利用学
术研讨会论文汇编》

大事纪略

隋代开邑　老城立署
唐天宝七年（748）鉴真由老城离琼
北宋苏轼来往老城
清光绪二十一年（1895）县城迁往金江
从土地革命到解放战争时期23年红旗不倒的革命老区
1950年马村支部突破敌人封锁渡海送情报
1950年解放海南第一大战役——风门岭阻击战
1950年老城解放
1988年老城经济开发区创建
2002年老城、白莲、马村三镇合并
2012年第二届人口老龄化长寿化国际研讨会在老城镇召开
2013年中国旅游小姐全球总决赛启动仪式在老城镇举行

主要参考文献

编纂始末

唐崖镇志

天赐唐崖　世遗古镇

基本镇情

建置区划

镇名由来

建置沿革

行政区划

村落概况

自然地理

地理位置

地质地貌

水系河流

气候特征

自然资源

自然灾害

人口　民族

人口总量

民族构成

姓氏源流

族谱

基础设施

道路交通

水利工程

供电供水

邮政通信

广播电视

镇村建设

总体规划

唐崖集镇

中心村集镇

绿化美化

镇域经济

粮食生产

工业生产

集市贸易

财税金融

社会发展

基础教育

文化体育

医疗服务

扶贫开发
人民生活

生态农业

生猪养殖
养殖概况
优良品种
专业村选介
烟叶种植
晒烟
白肋烟
烤烟
茶叶生产
绿茶
白叶茶
土家黏熬茶
老鹰茶
林果生产
用材林木
经济林木
药材生产
蜜蜂养殖
“唐崖”农产品公共品牌

荆南雄镇

唐崖土司
世系繁衍
治理区域
自治权责
对外征战
“改土归流”
唐崖土司城
城区建造
规模格局
主要遗存
可移动文物
遗产保护
保护体系
保护工程
申报世遗
文化价值
遗址公园
“荆南雄镇”牌坊
张王庙石人石马
土司王坟
夫妻杉
园区建设
旅游开发

土家吊脚楼

起源与发展
历史成因
发展历程
院落选介
布局与结构

空间布局

外观形制

内部结构

附属构造

营造流程

选址

打屋场

备料

起造

制梁木

立屋

装修

附：拜师学艺

乡村旅游

山水田园

唐崖河

南河

两河水乡

简槽沟溶洞

石膏洞

朝阳画廊

钟塘瀑布

青狮峡

天生桥

美丽村寨

文化活动

影视拍摄

节庆活动

唐崖论坛

旅游服务

住宿餐饮

旅游商品

附：咸丰何氏根雕

交通线路

文物胜迹

严家祠堂

建筑特色

书法艺术

严氏家训

家风基地

重点文物

唐崖民族中学早期建筑

观音摩崖造像

红军独立团战斗遗址

风洞堡炼钢炉

古桥古道

破水坪风雨凉桥

落马滩平桥

盐茶古道

朱家峡古道

古墓葬

土司墓

贞节牌坊与田氏墓

沙堡溪吴氏墓

空山岭古墓
戏楼老宅
钟塘戏楼遗址
小水坪八圣祠遗址
沙堡溪吴氏老屋
磨搭界吴氏老屋
卷洞门曹氏老屋
古树名木
重阳木
润楠
甜槠
麻柳树
油茶树

民间艺术

民间歌谣
山歌
小调
劳动歌
儿歌
南剧
表演形式
代表剧目
器乐
吹打乐
吹唢呐
民间舞蹈
地盘子
采莲船
花花灯
车车灯
狮子灯
龙灯
九子鞭
穿花
傩戏
传统工艺
石刻
木雕
刺绣
竹编
做布鞋
打草鞋
土法造纸
附：2018 年唐崖镇非物质文化遗产项目

风土民情

美食小吃
油茶汤
咂酒
土司十大碗
土家腊肉
糍粑
油粑粑
唐崖皮蛋
鲊海椒

风味小吃

岁时节俗

过大年

春节

牛王节

吃新节

清明节

端午节

中元节

中秋节

小年

生活习俗

饮食

服饰

婚嫁

生育

丧葬

建房习俗

敬山神

敬鲁班

发锤

上梁

开财门

体育游艺

板凳拳

赛扁担劲

提四马腰

跳丁丁步

踩高跷

赶山

荡秋千

打陀螺

打三棋

翻花

羊子吃麦

猜谜语

方言　俗语

方言

谚语

歇后语

名人与名镇

人物传略

覃化毛

覃鼎

田彩凤

严修信

严梦简

温朝钟

严雪樵

冯义发

刘汉卿

张鸣凤

吴银娣

吴世梦

罗斌

陈照南

喻光扬
名人与唐崖
张忠培情系唐崖“小故宫”
萧洪恩考察研究唐崖
黄柏权助力申遗获嘉奖
陈飞挂职咸丰促申遗
人物表录

艺文杂记

诗文选粹
凭吊唐崖司
饮唐崖黄香府通守署中
九日同张慎斋游元武寺
过唐崖谒张桓侯庙
手扒岩阻渡
天生桥
晚宿尖山寺
烈女刘三姑行（节选）
楹联选辑
传说故事
石牌坊怎么立起来的
两口锅的来历
金银塘的来历
夫妻杉的传说
女儿寨
落马滩
散文选录
没落的土司皇城——唐崖土司城
两个人的“皇城”
荒凉的土司城

大事纪略

元至正十五年（1355）设立唐崖土司
清同治元年（1862）石达开率部扎营唐崖
1934 年鄂川边区红军独立团游击唐崖
1935 年红 18 师突围长征
1950 年开展清匪反霸斗争
1996 年朝阳寺水电站建成投产
1998 年获“湖北仔猪第一乡”称号
2004 年唐崖镇考古新发现
2011 年严氏眼科中医疗法入选湖北省非遗名录
2016 年唐崖土司后裔覃勇巴巴多斯赛马会夺冠

附录

严氏家训（选录）
唐崖土司城叩开“世遗”之门

主要参考文献

编纂始末

浦口镇志

电瓷基地，花炮之乡

基本镇情

建置沿革

镇名由来

辖区变迁

村落社区

自然地理

地理位置

地质地貌

气候物候

自然资源

人口姓氏

人口源流

人口总量

姓氏

城镇建设

城镇变迁

镇区建设

经济发展

综合实力

农业

商贸服务业

社会事业

文化体育

教育

医疗卫生

社会保障

工业强镇

传统工业

发展源流

镇（社）办工业

村办工业

联营、个体工业

电瓷工业

发展历程

品牌建设

社会效益

企业选介

鞭炮烟花

产业发展

产品类型

产品研发

配套产业

企业选介

工业门类

机械机电

建筑业

建材业

包装业

印刷业

家具制造

其他工业

小康社会建设

发展历程

发展目标

从温饱向小康过渡

小康建设指标

民生工程

发展地方经济

广开就业门路

完善基础设施

优化境域环境

发展公益事业

全面消除贫困

生态文明

“两型”社会建设

环境保护与治理

植树造林与绿色覆盖

镇村美化

精神文明

全国思想政治工作先进典型

中国乡镇之星

文明创建活动

繁荣地方文化

打造平安浦口

丰富精神文化生活

村民生活

收入来源

收入结构

住房

通信

家用电器

出行

饮食

休闲娱乐

外出旅游

名胜古迹

自然景观

仙子岩与梦碧泉

仙棋石

燕子崖溶洞

雪峰山水库

千年古树

人文景观

古塔

古桥

古渡口

烈士陵墓

古迹旧址

祠堂

道观庙宇

风土风情

传统习俗

婚嫁习俗

喜庆习俗

丧葬习俗

祭祖习俗

节令习俗

生产生活习俗

民间艺术

狮灯

龙灯

星子灯

竹马灯

鱼灯

蚌壳灯

粑粑灯

打春锣

龙船

戏台

影子戏

出故事

特色饮食

小炒肉

东乡十碗

剁辣椒

羊肉煮鱼

浦口黄瓜

柚子皮炒肉

艺文杂记

诗词楹联

诗词

楹联

民间传说

灵官老爷怕蛮人子

仙棋石

梦碧泉的传说

傅家管庙　潘家管河

四十八坡的传说
朱元璋夜宿文武滩

名人与名镇

人物传略
汤信
汤天焕
陈盛芳
石作东
陈粹劳
潘世宬
邹业来
李呈桂
余志宏
刘名山
黄升平
张运
名人与浦口
富商傅军情系桑梓

大事纪略

唐初李畋首创爆竹并传入浦口
北宋时期浦口始种双季水稻
1951 年李呈桂被评为全国水稻丰产劳动模范
1958 年兴建雪峰山水库
1964 年创办第一家集体企业——浦口鞭炮厂
1986 年发现燕子崖溶洞
1987 年吴同南获评全国优秀农民企业家
1988 年浦口自来水厂建成
1990 年和 1995 年浦口镇被评为“中国乡镇之星”
2000 年浦口镇被评为湖南省明星乡镇
2006 年浦口通天然气
2008 年天符出口花炮厂成为北京奥运会焰火晚会烟花产品供应单位
2009 年天符出口花炮厂成为国庆 60 周年焰火晚会烟花产品供应单位
浦口蔬菜基地形成规模

附录

浦口相关报道
三湘文明镇——浦口镇
居规民约

主要参考文献

编纂始末

镇湖街道志

苏绣之乡　生态镇湖

基本镇情

建置区划

建置沿革

行政区划

行政村、社区

区位交通

区位面积

对外交通

自然地理

地形地貌

气候气象

主要山水

自然资源

人口姓氏

人口总量

人口构成

人口来源

主要姓氏

经济　社会

综合经济

农业

工业

服务业

教科文卫

社会保障

居民收入

苏绣产业

刺绣基地

历史演进

绣品街

中国刺绣艺术馆

产业集群

经营特色

专业组织

推进举措

经营方式

创新经营

绣娘绣品

八千绣娘

绣女传统

以绣为业

技艺传承

绣娘培养

著名绣品

绣品创新

多方开拓

名家名绣

大师佳作

展演与荣誉

刺绣展演

对外交流

国家礼品

获奖绣品

绣品入藏

生态镇湖

街区建设

概况

总体结构

基础建设

社区规模

创意小镇

生态建设

旅游度假产业

文化创意产业

现代农业产业

绿色环保产业

特色旅游

太湖风光游

太湖大堤

大、小贡山

苏州太湖国家湿地公园

文化艺术游

万佛石塔

刺绣艺术

2010 年上海世博会苏州新馆

时尚休闲游

房车露营

杵山垂钩

西京湾农场游

节庆旅游

踏青节

稻草人节

太湖风情湖滨沙滩节

中国刺绣文化艺术节

太湖湿地生态大闸蟹节

体育娱乐

国际马会

自行车挑战赛

环太湖马拉松长跑

配套服务

太湖文化驿站

游客服务中心

餐饮服务

旅游交通

风土风情

节令集会

岁时习俗

集市

庙会

生产生活习俗

蚕俗

刺绣拜师

渔俗

造房

地方特产

太湖银鱼

太湖白鱼

太湖梅鲚鱼

太湖白虾

太湖大闸蟹

贡山茶

镇湖黄桃

金丝雪菜

绛丝

美食小吃

水鲜蔬菜

红烧猪脚

一品缘

红烧甲鱼、一品蹄

太湖银鱼馄饨

四季糕点

谚语

农谚

俗语

歇后语

名人与名镇

人物传略

府晋蕃

尢松泉

尢皞民

周志敏

名人与镇湖

王祖识带徒最多

牟志红传仿真绣

任嘒閒与乱针绣

创意创新顾文霞

顾金珍特色人物绣

绣猫王余福臻

张玉英与云帆刺绣
徐志慧四年育才

艺文杂记

诗联
古诗
楹联
《绣娘》（MTV《绣美天堂》）歌词
著述

大事纪略

2013 年苏州西部生态城与镇湖街道合一
镇湖成为刺绣产业基地
2015 年苏绣《丝绸之路——满载而归》被中国美术馆收藏

附录

关于地理标志产品保护公告
中国刺绣艺术馆景区申报国家 AAAA 级旅游景区

主要参考文献

编纂始末

店塔镇志

英雄杨家将故里　煤田大开发热土

基本镇情

建置区划

镇名由来

建置沿革

村庄社区

自然地理

地理位置

地质地貌

气候物候

自然资源

人口　姓氏

户籍人口

外来人口

镇域经济

农业

工业

商贸服务业

社会发展

社会事业

居民生活

精神文明

镇村建设

镇域规划

城镇规划

乡村振兴规划

镇区建设

街道广场

河岸护堤

居民住宅

公用事业

市政管理

北站新区

广场绿地
重要建筑
市政设施
美丽村庄
移民搬迁
示范项目
生态修复
绿化造林
环境治理

煤电重镇

煤炭资源
煤层
煤质
储量
煤炭工业
采掘方式
生产销售
监督管理
重点企业
煤运枢纽
铁路
公路
电力工业
发电企业
城镇供热
电网建设

边关要塞

战国时期秦长城
墙体
河险
烽火台
宋代黄羊城
城址
采集文物
明代长城
墙体
山险
敌台
烽火台
杨城小堡
民国时期堡寨
那木克梁寨
小庙寨

麟州故城

历史沿革
麟州兴废
驻军职官
古代战事
浊轮川之战
松花岩之战
咸平麟州之战

庆历麟州之战
柏子寨之战
兔毛川之战
嘉祐麟州之战
故城遗迹
故城概况
东城
内城
西城
衙署
将军祠
故城石窟
杨城石窟
古井
墓群
古柏树群落
出土文物
馆藏文物
遗址标本
发掘保护
调查发掘
保护管理

风土民情

民间艺术
二人台
信天游
酒曲
杨家鼓
剪纸
风味饮食
手把羊肉
杀猪菜
剁荞面
油调饸烙
蘸糕
荞面灌肠
碗托
小米凉粉
黄酒
岁时节俗
春节
元宵节
清明节
中元节
农民丰收节
重阳节
冬至
民间礼仪
婚嫁礼仪
民祭杨家将典礼
方言土语
方言
俗语

名人与名镇

杨家将

杨弘信

杨业

杨重勋

杨光扆

杨延昭

杨琪

杨文广

杨畋

名宦乡贤

王吉

李翼

王文郁

杨震

麻一美

杨买昌

名人与店塔

张说奏请置麟州

王维新秦咏青松

张咏任职麟州通判

范仲淹巡边至麟州

文彦博修复麟州粮道

欧阳修力排众议保麟州

司马光屈野河边修堡垒

冯森龄到店塔采访

人物表录

镇域先进模范人物

镇籍在外先进模范人物

艺文杂记

诗词文赋

诗歌

词赋

散文

历史文献

书信

奏疏

墓志

民间传说

神松的传说

七星庙比武订亲

大事纪略

战国时期秦国在镇域修筑长城

唐开元十二年（724）镇域设置麟州

明正统五年（1440）神木县治迁至麟州故城址

明成化十年（1474）再筑镇域长城

1973 年兴建杨家城电灌站

1985 年发现汉彩绘雁鱼铜灯

1986 年考古调查发现寨峁遗址

1993 年神府经济开发区成立

1998 年神木北站开通火车客运业务

2002 年浮法玻璃生产线建成
2006 年石窑店产业融合示范园区兴建
2012 年店塔镇统筹城乡发展协会成立
2012 年店塔第一小学建成全市首个乡村学校少年宫
2017 年神木市第十二中学成立
2017 年店塔镇获“全国文明村镇”称号
2018 年店塔镇开展国家卫生镇创建工作
2019 年开通滨河新区与店塔镇区公交车

附录

麟州与杨家将文化研究综述
店塔镇的伙盘地
神府煤田开发大事年表

主要参考文献

编纂始末

鸦滩镇志

概述

基本镇情

建置　区划

地名由来

建置沿革

行政村

自然地理

地理位置

地貌

水系

气候

人口

人口总量与分布

人口机械变动

人口构成

镇村建设

发展概况

康居新村建设

供水

供电

交通

邮政

电信

镇域经济

工业

商业

金融

文化

文化机构

文化设施

文学组织

文学创作

志书与族谱修编

教育

私塾、书院

学前教育

小学教育

普通中学教育

职业教育

成人教育

医疗卫生

鸦滩镇中心卫生院

村卫生室

社会保障

社会保险

定补优抚

社会福利

扶贫

人民生活

收入

消费

名胜古迹　旅游

香茗山风景区

香茗山之峰

香茗山之泉

香茗山之洞

香茗山之石

香茗山之寺

香茗山之塔

香茗山之庵

香茗山之水库

武昌湖风景区

神墩

独山墩

祖师殿

镇国寺

张山寺

江宁寺

文物　古迹

文物

古迹

旅游开发

发展规划

开发投入

旅游路线

旅游服务

生态建设与保护

生态资源

农业资源

林业资源

湿地资源

农业生态建设与保护

调整产业结构

规划布局

农田生态建设

围湖造田

退田还湖

水稻高产示范

综合防治病虫害

生态企业与基地建设

林业生态建设与保护

四旁植树

成片造林

乡、村、队林场

实施“五八”绿化规划

林业第二次创业与生态林建设

林茶、林果间作

护林

防火

病虫害防治

湿地生态建设与保护

整治沙河

水产品养殖

水生植物栽培

生态能源开发

实施“一池三改”工程

水力发电

生物质（稻壳）发电

风电

太阳能发电

望江挑花发源地

起源　发展　传承

起源

发展

传承

工艺

原料

工具

艺术特点

技法

图案设计

构图元素

表现手法

图案与配色

挑花制品

传统制品

现代系列制品

价值　影响

艺术展示

媒体关注

调研专访

艺术拓展

黄梅戏

起源　发展

起源

发展

艺术特点

曲调特点

语言特点

薪火相传

开办黄梅戏培训班

研究传统唱腔

代表性戏班

民间文化

舞蹈

旱船

挑花篮

连厢舞

走马灯

推车灯

曲艺

道情

鼓书

器乐曲

流水调

十番锣鼓

龙灯会

花灯

打龙灯

旧俗

龙舟赛

龙船

龙舟队

比赛

民间工艺

木雕

石雕

纸扎

风土民情

生活习俗

饮食习俗

服饰、发型

居住

出行

民间信仰

禁忌

岁时节俗

春节

上七日

元宵

花朝

上巳

清明

端阳

中元

中秋

重阳

接祖宗

除夕

送祖宗

民间礼俗

礼语

婚嫁

生育

做屋上梁

丧葬
寿庆
宴请
生产风俗
农业
渔业
工商业
方言
发音特点
使用习惯
俗语
俚语
歇后语
谚语
土特产与美食
麦鱼
三九菇
“小粒红”花生
豆丝
米烂
发粑
熬板糖
米子糖粑

名人与名镇

人物传
毕银
王瑞
金继望
王应佩
何藻
袁葆芳
蔡仲贤
袁祖光
汪寿桥
李少华
董焕之
汪穆堂
孙敬纯
胡翠庭
胡肖瑗
戴银堂
曹士英
孙关应
何明吉
陈焰黄
孙皖樵
曹根满
萧桂宝
陈鉴
方少明
徐海连
陈麻梅
名人与鸦滩
梅福隐居香茗山
罗隐与望江挑花
朱元璋、刘伯温在香茗山筑寨

解缙香茗山续联会友
史可法驻军香茗山
石达开屯兵鸦滩

艺文杂记

诗选
香茗山
登茗山咏
连塘城
游茗山路经某君留宿
夏日循行赤城畈憩
怀梅子真
小茗溪桥
过香茗山麓见野老
茗山寻梅子真炼丹处
莲花书院
洞佛庙题壁
联选
题王氏宗祠联
褒隐寺大殿联
忠烈祠联
石头菩萨
褒隐寺戏台联
咏香茗山
墓志铭
倪模墓志铭
孙敬纯烈士墓碑记
传说故事
鸦滩和码头的传说
六郎石的传说
牌刀石和莲花尖的传说
姊妹石的传说
凤冠石·猴子守铜锣
法华寺的传说
尼侠的故事
郝老汉挑选当家人
两道士巧斗恶财主
惠智道人的故事
刘伯温引起的民间纠葛
马井与马坟
歌谣
旱荒歌（节选）
支援国家卖余粮
月亮家婆
八哥八
的的女　真可怜
姐在园里摘黄瓜
撩姐要撩真同年
山歌好唱腔难起
插田插到中饭边

大事纪略

清咸丰年间（1851—1861）太平军数战清军
1930 年中共沙堰沟小组成立
1930 年金鸡山暴动

1930 年中国工农红军太望赤卫队成立

1934—1940 年沿湖渔民抗船捐

1943—1945 年望江县国民政府在鸦滩

1949 年平定大刀会石灰山暴乱

1950 年郝树盛参加全国工农兵劳动模范代表大会

1954 年抗洪救灾

1959—1962 年开垦青草湖

1997—1998 年政府机关搬迁与集镇新格局形成

2006 年“6·26”雨灾

2011 年陈长水被评为全国劳动模范

2012 年中国望江（鸦滩）童装基地开业

2014 年鸦滩镇被列入全国重点镇建设名单

2012—2015 年鸦滩镇创建省级森林城镇

2015 年鸦滩镇入选第三届“十佳中国最美小镇”

主要参考文献

编纂始末

张谷英镇志

湘北大山深处的绿色明珠

基本镇情

建置区划
建置沿革
行政区划
自然地理
地理位置
地质地貌
气候物候
自然资源
人口
人口数量
人口密度
人口构成
姓氏分布
经济发展
传统产业
支柱产业
基础设施
公路
航空
铁路
桥梁
供电
水务
集镇建设
社会事业
教育
卫生
群众文化
居民生活

张谷英大屋

位置环境

位置
环境
古村建筑
布局
堂屋
天井
巷道
雕刻
建筑材料
主要景点
当大门
居宅
桥廊
厅堂
古井
谷英公墓
其他景点
古村保护
保护机构
文物保护与开发
规划编制
环境治理
文物价值
湘楚民居“活化石”
礼制秩序
“民间故宫”
聚族而居

张氏世家

家世
迁徙脉络
郡望堂号
字辈排行
家祖
基本信息
身份考证
家训族戒
张氏家训
族戒
家风
崇尚读书
尊敬长者
和睦友邻
处事公正
媒体推介张谷英村家风
人物掌故
张瑶刚正不阿
张炳、张煌兄弟双双中举
张绍昆割股医亲
张筱村屡试不第
胡氏教子入县志
谢氏守节获旌表
张蛰兮视侄比儿
张月舫创办鼎新校
张博如少年联对

张云浦修百步三桥
祖孙三代讲学
张锦山作《劝孝歌》
张登魁倡“济贫公”

古迹胜景

中共湘北特委旧址
旧址位置
空间形制
文物保存
烈士纪念塔与纪念亭
刘备洞峡谷景区
地名来历
主要景观
桂峰山
桂峰山寺
十八盘青石古道
古僧墓塔群
周边庙宇
其他名胜
自然风光
寺院禅林

风土民情

美食小吃
菜肴
传统小吃
特色农副产品
生活习俗
服饰
饮食
民居
出行
信仰
禁忌
生产习俗
农业
林业
畜牧业
手工业
岁时习俗
春节
三月三
清明节
端午节
六月六
中元节
中秋节
重阳节
民间礼仪
婚嫁
生育
寿庆
丧葬
建房
社交

方言土语

方言

俗语

歇后语

名人与名镇

人物传略

刘今常

李平衡

李绍广

冯子愚

张渥潜

刘威凤

刘斗光

刘星

名人与张谷英

方钝与方竹

马龙终老大峰山

王震率南下支队在渭洞

王国雄在梓木坳英勇就义

刘润世隐居渭洞

戴咏樵被杀害于六家港大桥

蓝泽在柘港洞闹革命

毛致用就读鼎新学校

张安蒙慧眼识珠张谷英

勤政好学公仆张治雄

戏剧文学与陈亚先

全国“五一劳动奖章”获得者刘汉黄

全国模范教师黄亚飞

刘望龙在张谷英镇发展芭蕉扇业

丁群芳在张谷英镇开展科技实践

人物表

艺文杂记

诗词

伤旱

读书人家（四首）

种田人家（四首）

乡村农事（十首）

渭川五咏

村居即景

大屋抒怀

题峰胜洞

对联

张谷英村牌坊联

笔山草堂联

张健夫题三保联合唱戏联

张自衢撰戏台联

遗挽冯子愚联

桂峰山寺联

朱公桥屈原庙联

歌谣

劝孝歌（节选）

归山歌

男月令

女月令

山歌
夜歌

杂记

李氏初修谱序
徐氏族谱修谱序
张登宇公墓铭
陡石亭记
大明山记
男人张谷英

大事纪略

1925 年珍珠团“平粜”运动
抗日战争时期岳郡联中、联师迁至延寿庄
山林经营制度的变革与完善
1963 年修筑大坳水库与饶村改田
芭蕉扇厂的发展与变迁
2003 年竹林大规模灭蝗虫
2017 年“8·12”特大山洪

附录

保护规划与村规民约
地名由来与地名故事

主要参考文献

编纂始末

德平镇志

齐风鲁韵　人文古镇

基本镇情

建置区划

德平由来

建置沿革

辖区变迁

村庄社区

地理环境

地理区位

地质地貌

气候物候

自然资源

人口　民族

人口总量

源流迁徙

民族构成

姓氏组成

基础设施

交通客运

电力

供水

供暖　燃气

污水处理

公园

社会发展

社会事业

精神文明

居民生活

镇村建设

城镇建设

镇区规划

镇区建设

龙泉社区

村庄建设
民居
城乡环卫一体化
乡村连片治理
生态建设
建设规划
水生态
农业生态
工业生态
绿化建设
环境整治
全国发展改革试点小城镇
职能转变
土地流转
户籍管理
城镇管理

经济建设

农业
特色种植
特色养殖
新型农业经营主体
工业
发展概况
重点企业
商贸业
个体商业
集市贸易
商贸街
超市
特色产品和旅游
乡村赋能平台
成立背景
运行模式
经营产品

文物胜迹

古城
内城
外城
光岳楼
魁星楼
附：城图说
书院　民居
白麟书院
阎家古民居
寺庙　祠堂
丈八佛
朝阳洞
葛公祠
牌坊　匾额
“一品荣封”牌坊
“教隆真一”匾额
碑刻
四体千字文碑
明处士东桥郭公配孺人张氏合葬墓志铭

坊表
古井
祢衡井
古树
王赞恒古槐
北关古槐
东贾家古槐
碱场马家古枣树
古墓
曹冢汉墓
葛公墓

特色文化

书院文化
书院
学宫
义塾
师范讲习所
曲艺文化
德平大鞅歌
德平花棍
谱牒文化
孝德文化
孝德文化宣传
孝德文化活动
孝德文化项目
孝德文化产业

耕读世家

明氏家族
家世源流
杰出人物
明氏宗祠
撰修族谱
孟氏家族
家世源流
杰出人物
葛氏家族
家世源流
杰出人物
家学家训
郭氏家族
家世源流
杰出人物
人口分布
家学家训
撰修族谱
和亲睦族
朱氏家族
家世源流
杰出人物
撰修族谱

风土民情

美味小吃

德平细米窝头

德平熏鸡

德平老豆腐

小尖馍馍

土特名产

德平十香面

生活习俗

农事民俗

岁时节俗

礼仪习俗

其他习俗

庙会集场

活佛庙会

东贾香火会

方言土语

语音特点

词汇特点

民间工艺

民间制鼓

铣锭杆

纺线

草编工艺

剪纸

织布

根雕

线塑、塑雕

吹糖人

民间艺人

刘公明

张仁立

艺文杂记

御制文　诰书

御制《摄山栖霞寺明征君之碑》

御制郭中翰《草韵辨体》序

御制郭中翰《草韵辨体》跋

葛环赠左都御史诰书

碑文

夏河筑堤碑记

朝奉郎刘公墓志铭

重修庙学碑记（节选）

葛公祠堂碑记

新建白麟书院碑记

诗歌

诒明山宾诗

望鹦鹉洲怀祢衡

酬孟云卿

游子吟

感别送从叔校书简再登科东归

寄黄几复

题西山漫兴图（二首）

葛少宰山房

挽葛与川先生

赋
鹦鹉赋
梅花赋
散文
荐祢衡表
送孟东野奉母归里序
宜疏园记
祢衡：一个愤青的人生悲剧
蹲坐在耳朵里的小村
著作述略
葛守礼
葛引生
葛昕
葛曦
葛如麟
葛元福
葛樂
葛周玉
书画作品
书法绘画作品选

名人与名镇

人物传略
高诩
陶丘洪
祢衡
明僧绍
苟金龙之妻刘氏
明山宾
刘叔宗
明克让
张雍
刘禹
万缙
郭谌
葛守礼
葛如麟
刘旮仪
李同楠
王炳辉
季麟台
葛树贵
朱广辉
李明华
张克信
时泽民
李安镇
崔文顺
名人与德平
黄庭坚拒行市易法
年富建文昌祠
金陛废弃火甲巡逻制度
季静申免纤夫征调
沈志达请免河库协银
德棱额修建白麟书院
人物表

大事纪略

西汉时德平设立县治
宋元丰七年（1084）黄庭坚任德平镇监
1956 年德平撤县设镇
2008 年“创业年”活动
2008 年德平镇被列为“全国发展改革试点小城镇”
2012 年德平镇被评为“国家级生态镇”
2014 年德平镇被评为“全国重点镇”
2018 年德平镇被评为全国农业产业强镇示范建设名单
2018 年德平镇游子文化节

附录

德平旧志汇略
明代旧志
清代旧志
民国旧志
旧志整理
旧志序

主要参考文献

编纂始末

龙池镇志

渤海明珠　多彩龙池

基本镇情

建置区划

历史沿革

辖区变迁

社区村庄

白塔社区

岱邱村

龙池社区

齐西村

龙北村

马渠社区

马渠村

瓦城社区

瓦东村

东利渔村

自然地理

区位交通

地形地貌

河流

气候　物候

自然灾害

自然资源

土地资源

矿产资源

生物资源

海洋资源

人口

人口总量

源流迁徙

人口构成

镇域经济

经济总量

农林牧渔业

工业

商贸服务业

社会事业

学校教育

医疗卫生

龙池医院

社会文化

体育健身

居民生活

收入消费

社会保障

精神文明建设

道德模范评选

文明单位创建

绿色宜居环境

江北百塘镇

百塘渊源

百塘风采

百塘治理

镇村建设

镇村规划

镇区建设

村居建设

基础设施

公用事业

国家级生态镇

城镇园林绿化

镇村道路绿化

公园绿地建设

美丽乡村建设

美丽庭院建设

文化广场建设

蓝色海洋经济

海盐生产

齐国盐都

制盐工艺

龙池盐场

海洋渔业

海洋捕捞

海水养殖

滩涂养殖

水塘养殖

设施养殖

休闲渔业

海洋化工

海盐化工

海水化工

盐溴企业

海水淡化利用

园区建设

园区主要企业

文化遗产保护与传承

文物保护单位

昌邑县抗日殉国烈士祠
东利渔盐业遗址群
鄑邑故城遗址
东白塔陈氏家庙
陈干故居（含墓园）
齐西民居
岱邱郝家大井

非物质文化遗产

柳疃丝绸制作技艺
孙膑崇拜
龙池剪纸技艺
附：龙池剪纸艺术传承人王锡芝
龙池传统制盐工艺
龙池年俗
龙池魏记香油传统制作技艺
昌邑蓝印花布
龙池转灯灯艺

文物古迹

古遗址
古建筑
古碑刻

建馆修志

龙池抗日战争纪念馆
龙池文化展览中心
马渠村史馆
渤海走廊革命斗争陈列馆
瓦东村史馆
陈干将军生平陈列馆
齐西村史馆
齐氏家风家训馆
丝绸馆
乾隆杯酒馆
剪纸馆
制盐馆
《龙池镇志》
《瓦东村志》

乡村旅游

景区景点

瓦城景区景点
白塔景区景点
齐西景区景点
马渠景区景点

旅游节庆

昌邑市首届乡村旅游节暨第一届龙乡文化节
昌邑市第二届乡村旅游节暨第二届龙乡文化节
昌邑市第三届乡村旅游节暨第三届龙乡文化节
昌邑市第四届乡村旅游节暨第四届龙乡文化节
红色旅游

旅游服务

导游服务
餐饮服务
旅游线路

风土民情

美食小吃

酱爆梭子蟹

龙池一卤鲜

肉火烧

热合菜

龙池咸汤

龙须菜蒸包

腌咸蟹

酥鱼咸菜

蛆虾酱

合饼

土特名产

龙池海盐

梭子蟹

黄须菜

小磨香油

贵妃皇菊

老家杂粮

岁时节俗

春节

元宵节

清明节

端午节

中秋节

重阳节

过小年

民间礼仪

婚嫁

丧葬

喜庆

禁忌

方言俗语

方言

谚语

歇后语

绸乡名门

魏氏家族

魏孔举

魏汝栋

陈云亭

魏惜珍

姚显光

魏效聪

魏铎之

陈挺

魏振章

王永明

李云杰

魏凤翔

魏坚毅

陈玉章

陈氏家族

陈思贞

陈以恪
陈之枌
陈之楹
陈之枫
陈延恺
陈希孟
陈干
杨紫霞
陈孝祖
陈龙飞
陈光宗
齐氏家族
齐增修
齐荩臣
齐恩周
牛群
齐宗华
赵氏家族
赵梦全
赵连运
赵乐有
赵殿鹏
赵明绰
赵钟菊
赵素贞

名人与名镇

人物传略
姚用
赵连运
孙汉三
孙光喜
傅春法
李重九
孙朋乐
傅希堂
陈光宗
魏培林
名人与龙池
蒲伟与龙池海洋化工
寇玉湘与龙池农技推广
魏铁良与龙池抗日战争纪念馆
宫慧芳与龙池特色种植
人物表

艺文杂记

诗歌
计台行
北海晴波
盐丁叹
无题二首
咏风筝
奇槐诗
孙庙奇槐歌
徐郡晚眺
晚成

楹联

孙子庙楹联

齐西古村落馆别楹联

家庙楹联

碑文

瓦城集市残碑

重修孙子庙记

重修诸庙碑记

重修孙子庙记

孙子庙结香社记

独角神牛歌

瓦城孙庙罚约碑

重修孙子庙记

祈护碑

孙子庙神马歌

陈明侯中将善行碑

故陆军中将陈君明侯墓表

散文

家乡的观照（节选）

孙膑精神回归（节选）

著作

掌故传说

“龙池”的传说

寨子城传说

温、陈两姓大拜年

龙池的“干花”

单臂举车轮

书画雕塑

歌曲

大事纪略

周庄王四年（前 693）齐师灭纪国郚邑置都昌城

春秋时期龙池盐业生产开始规模化

清康熙五十六年（1717）瓦城设集市

清乾隆十九年（1754）在龙池瓦城设富国场

清乾隆四十四年（1779）重修防潮海堤

清光绪二十三年（1897）重修瓦城孙子庙

清朝时龙池制盐工艺提高

1939 年风暴潮

1958 年龙池人民公社成立

1964 年大海潮

1964 年治碱种稻

1976 年龙池获昌潍地区“棉槐社”称号

1982 年实行家庭联产承包责任制

2005 年设立龙池工业园

2013 年龙池镇被授予“山东省民间文化艺术之乡”称号

2014 年龙池镇获“国家级生态镇”称号

2015 年龙池抗日战争纪念馆开馆

2017 年第三届山东省文化创新成果推广应用活动观摩现场会在龙池召开

龙池镇入选“2018 中国乡村振兴先锋榜”

2019 年齐西村入选第七批中国历史文化名村

2019 年渤海走廊革命斗争陈列馆开馆

2019 年昌邑龙池海洋化工产业园被认定为第二批省级海洋特色产业园区
2019 年精准扶贫攻坚战
2019 年龙池原盐产量突破 400 万吨
2019 年农民人均收入突破 2 万元

附录

修红色村志　聚振兴动能——山东昌邑建馆修志推进乡村文化振兴见闻
龙池镇发展“三色经济”推进乡村全面振兴

主要参考文献

编纂始末

黄楼街道志

花卉之乡　生态黄楼

基本镇情

建置区划
建置
区划
社区村庄
社区
生产专业村
历史文化名村
区位　交通
区位
交通
自然环境
地质
地貌
气候
物候
自然资源
土地资源
矿产资源
水资源
植物资源
动物资源
人口姓氏
人口总量
源流迁徙
民族构成
姓氏构成
外来人口
经济发展
农业
工业
商贸服务业
金融
社会事业

教育

科技

文化体育

医疗卫生

居民生活

社会保障

养老保险

新型农村合作医疗

敬老院建设

精准扶贫

城镇发展

城镇规划

城镇建设

东部新区建设

规划设计

拆迁征收

建设与管理

城镇管理

东方花都

花卉生产

花卉园区

花木种植

花卉营销

主要品种

生产技术

栽培方式

种苗繁育

花卉机械

花卉基地

龙头企业

花卉流通

市场建设

市场开拓

电商平台

花卉物流

花卉科研

科研机构

农科驿站

青州市黄楼街道东坝农科驿站

青州市黄楼街道杨家庄农科驿站

科研成果

创新品种

政策扶持

重要决策

土地调整

资金扶持

人才支持

花卉组织

花卉合作社

青州市花卉协会

青州市花卉文化研究会

青州市花卉企业家协会

青州市盆景艺术研究会

青州市黄楼镇花卉协会

青州市根艺协会

青州市兰花协会

花卉相关产业

花卉深加工

中国（青州）花卉博览会交易会

2001 青州花卉博览交易会

第三届山东省花卉博览会暨 2002 年山东（青州）花卉博览交易会

2003 中国（青州）花卉博览交易会

2004 中国（青州）花卉博览交易会

2005 中国（青州）花卉博览交易会

2006 中国（青州）花卉博览交易会

第四届山东省花卉博览会暨2007 中国（青州）花卉博览交易会

第八届中国（青州）花卉博览交易会暨第二届山东省花卉交易会

第七届中国花卉博览会暨第五届中国花卉交易会

第十届中国（青州）花卉博览交易会暨第四届山东省花卉交易会

第十一届中国（青州）花卉博览交易会暨第五届山东省花卉交易会

第十二届中国（青州）花卉博览交易会暨第六届山东省花卉交易会

第十三届中国（青州）花卉博览交易会暨第七届山东省花卉交易会

第十四届中国（青州）花卉博览交易会暨第八届山东省花卉交易会

第十五届中国（青州）花卉博览交易会暨第九届山东省花卉交易会

第十六届中国（青州）花卉博览交易会暨第十届山东省花卉交易会

第十七届中国（青州）花卉博览交易会暨第十一届山东省花卉交易会

第十八届中国（青州）花卉博览交易会暨第十二届山东省花卉交易会

第七届中国花卉博览会

花卉旅游

挖掘花卉文化旅游资源

景区景点

旅游线路

旅游服务

餐饮

工业主导产业

疏浚装备产业

产业集群发展

产业园区建设

行业协会

服务措施

疏浚装备产品

特色产品

科研成果

工业产能

招商引资

骨干企业

化工产业

产业发展

骨干企业

机械制造业

发展历程

骨干企业

温室工程业

产业发展

骨干企业

文化名镇

书画艺术

黄楼文化艺术小镇建立

凤凰艺术学院

书画创作

书画培训

书画交流

书画展馆

翰墨青州·中国书画年会

翰墨青州·2013 中国书画年会

翰墨青州·2014 中国书画年会

翰墨青州·2015 中国书画年会

翰墨青州·2016 中国书画年会

翰墨青州·2017 中国书画年会

翰墨青州·2018 中国书画年会

文物古迹

郝家庄遗址

兴国寺

古碑刻

出土文物

北宋龙泉窑青釉印花盘

岳石文化骨针

唐周少成并夫人墓志

元东莞王氏先茔之记碑

风土民情

土特名产

弥河银瓜

生姜

美食小吃

纪河水豆腐

马蹄烧饼

阳河肉烧饼

民间习俗

花卉习俗

节日送花习俗

岁时习俗

婚嫁习俗

生育习俗

寿诞习俗

丧葬习俗

建房上梁习俗

民间游艺

旱船

舞龙

秧歌

高跷

跑驴

集市庙会

集市
潘村庙会
方言俗语
方言词汇
民间谚语
歇后语
谜语

名人与名镇

黄楼人物
刘国杰
张其昌
侯志
郑心亭
侯德荣
刘子明
刘明训
田中修
刘悦华
花卉达人
花卉养殖带头人李洪儒
南兰北养带头人王珉芝
网络销售带头人董春燕
花卉协会创始人王新国
青州市十大花卉状元张德堂
南花北运花商崔立法
花海探索者王文正

艺文杂记

诗歌
踏莎行 · 春暮
早春
早梅
登表海楼
鹧鸪天 · 桂花
醉花阴 · 薄雾浓云愁永昼
减字木兰花 · 卖花担上
庆清朝慢 · 禁幄低张
一剪梅 · 红藕香残玉簟秋
武陵春 · 春晚
蝶恋花 · 上巳召亲族
浣溪沙
墨葵
赠羽士
西园闲况
寄子
题沈相如梅花百咏篇
感怀小西园
偕园牡丹盛开，余兄弟坐饮其间。各用恒泰长兄韵时。余初斥归里中作
暮秋登百花寺风雨阻归感激时事偶承青州聂子见赠奉酬兼似梅庵长者
九日同沈绎堂罗振彝王仲昭吴志伊陈椒峰登善果寺毗卢阁
赠唐济武其二

散文

弥河沙滩的银瓜

花的驿站

传说

桥面镂空的店子桥

青州寿命最短的桥——巨弥桥

志遂杨姑桥

夜猫子集

黄楼花魁

邢玠威震蛤蟆湾

书画

山涧林烟

古木风韵

花语书香

大事纪略

1983 年 10 月郝家庄遗址发掘

2000 年 9 月长深高速公路（黄楼段）建成通车

2004 年青州市成立全国首个县级花卉管理服务机构

2009 年第七届中国花卉博览会在黄楼举办

2009 年“青州银瓜”注册为农产品地理标志证明商标

2013 年中国（青州）花卉苗木交易中心建成

2013—2018 年翰墨青州 · 中国书画年会在中国中晨（青州）国际文化艺术小镇举办

2014 年中国花卉协会盆栽植物分会入籍青州

中国（青州）国际文化艺术品博览会

2017 年黄楼文化艺术小镇入选山东省首批特色小镇

主要参考文献

编纂始末

木洞镇志

水国舟市，山歌之乡

基本镇情

建置沿革
镇名由来
辖区变迁
村庄社区
区位
自然地理区位
交通地理区位
经济地理区位
文化地理区位
自然环境
地形地貌
气候　山水
自然资源
人口　民族
人口总量
民族构成
主要姓氏
人口源流
镇域经济
农业
工业
商贸
社会发展
社会事业
居民生活
镇区建设
镇区功能布局
基础设施
公用事业

古镇保护

古镇风貌

老街概貌
街道
老街整体保护
保护范围
房屋建筑风貌保护
肌理保护
外延景观保护
历史和文物建筑保护
保护措施
一期保护工程

木洞港

历史沿革
历史上的“川东名港”
中华人民共和国成立后的内陆大港
港口规模
码头
航标站
船只　船队
船只
船队
运输能力
客运能力
货运能力
特色产业
运输业
餐饮住宿业
加工业
桐树和水稻种植业
新港建设
移民
堤防路桥建设
水码头建设
河街建设
重要基础设施建设

木洞山歌

历史沿革
起源期
演化期
创新期
弘扬期
山歌艺术
类别
歌词
音乐特征
演唱平台
劳作生活
歌会舞台
代表作品
《干劲大得很》
《凉风绕绕天要晴》
《阳雀叫唤闹春耕》
《迎亲》
《迎村官》
歌手

非遗传承人

民间歌手

非遗保护

抢救性记录

传承人保护与培养

原生态艺术保护

理论研究

成果和荣誉

旅游

旅游资源

自然景观

文物遗址

石刻造像

宗教建筑

桥梁

古镇老街

生态农业

生态农业观光游

基本模式

总体布局

景区景点

古镇游

老街游览区

河街游览区

两岛游

中坝岛景区

桃花岛景区

风土民情

美食特产

木洞豆花

木洞烤烤酒

木洞麻糖

木洞咸菜

木洞腊肉

木洞榨菜

木洞蜜饯

木洞油酥鸭

生活习俗

服饰

饮食

居住

游艺

岁时节俗

“九黄”

春节、年节

清明节

端午节

中秋节

传统风俗

忌戊

赶场

坐茶馆

唱端公戏

择吉

祭祀
崇蛇敬天
祛磨苦运
族规家礼
族规
家礼
人生礼仪
生育
婚娶
大寿
丧葬
方言习语
方言
习语

名人与名镇

人物传略
杨庶堪
邹容
王德清
汤慕禹
何震华
王濂清
李华飞
何敬平
丁雪松
名人与木洞
王士祯促使木洞蜜饯成贡品
蒋介石、宋美龄青睐木洞蜜枣
李子硕倾情木洞山歌
胡天成钟爱木洞非遗

艺文杂记

诗歌
晓行巴峡
渝州候严六侍御不到先下峡
明月沱
木洞驿
舟出巴峡
泊木洞驿
腊月十七日下巴峡
由百丈梁下金鸡三碚
明月峡
舟次木洞
过明月峡
百丈梁
木洞十二景诗
悼石达开
狱中答西狩
杨沧白诗选
把牢底坐穿
楹联
木洞码头楹联
显眼寺庭柱楹联
汤慕禹故居题刻门联
散文

木洞镇赋
花文
劝妇文
孝字文
说菜名
子字歌
传说
木洞镇名由来
李运前枪打蒋介石得官当
薅秧山歌的来历
木洞蜜饯的来历
书目文献

大事纪略

明末清初木洞移民“插占为业”
清同治元年（1862）石达开分兵过境木洞
1941 年中共西南工委在木洞成立
抗日战争时期日军轰炸木洞
1949 年木洞解放
1950 年剿匪战事
1950 年木洞开展减租退押工作
1951—1953 年木洞抗美援朝宣传运动
20 世纪 60—70 年代知青下乡及安置
1975 年豚溪口翻船事故
1993 年撤销木洞区建制
20 世纪 90 年代末木洞三峡移民搬迁安置
2004—2006 年木洞实施长江水土保持生态造林项目
2005 年木洞发生特大暴雨
2005 年木洞山歌被列入第一批国家级非物质文化遗产名录
2006 年木洞实行大村制
2006 年木洞发生特大旱灾
2006 年“8 · 10”森林火灾
2009 年木洞山歌进中央电视台
2011 年木洞镇荣获“第一批国家级绿色低碳镇”称号
2012 年重庆麻柳沿江开发区木洞组团落户木洞
2012 年首届木洞山歌艺术节
2017 年木洞山歌代表团赴日本演出

附录

重庆市巴南区木洞镇人民政府关于加强村镇建设管理的意见
重庆市巴南区木洞镇人民政府关于对传统风貌保护区征地拆迁农房及时排除安全隐患的函
中共重庆市巴南区木洞镇委员会关于木洞镇旅游环境集中综合整治行动实施方案

主要参考文献

编纂始末

石杨镇志

概述

基本镇情

建置区划

镇名由来

建置沿革

辖区变迁

村庄社区

区位交通

区位

交通

公路

水运

自然地理

地质地貌

气候

植被

物候

自然资源

矿产

野生动植物

名特药材

水资源

人口

人口总量

人口结构

主要姓氏

就业转移

经济发展

农业

畜禽业

渔业

林业

工商业

社会事业

文化

教育
医疗卫生
居民生活
收入消费
休闲娱乐
社会保障

名胜古迹

遗址
王后城遗址
将台山遗址
小邵遗址
五里墩遗址
塘营遗址
老街
高关老街
石杨老街
金城老街
绰庙老街
寺庙
憨山寺
栖云禅寺
普觉禅寺
龙王庙
古桥
青峰桥
赵桥
花马李桥
附：三步两个桥
古井
前李井
大张井
枣林岗井
其他古井
古村落
盛家硔村
附：盛家牌坊
大周村
花园戴村
八禁村
傅楼村
古泉
霸王泉
陀公庵泉
后硔泉
古树
气象树
桂花树
古银杏树
古椿树
古板栗树
碑石
大屠石猴
大邵墓碑
孔夫寺碑
汉画像砖
盛家硔碑

杨石巷古驿道
区位
古驿道见闻
附：程敏政《夜渡两关记》
古驿道渡口
古驿道幸福桥

治水惠民

治理水患
滁河泛滥
根治滁河
江滁通渠
夹山关水库
内河整治
围埂造田
移民垦荒
水翻龙王山
军垦史诗
荒草圩一圩
荒草圩二圩

乡村旅游

如方山景区
如方山
如山湖
夹山关古道
迢迢谷景区
迢迢谷
张婴洞
三戴纪念馆
高皇殿
耿家油坊
五里墩遗址
吃儿山与吐儿桥
胡业桃烈士陵园
阴陵山景区
阴陵山
红草湖
插花山
四溃山
三孔
盛家硔村
端木草堂
观光林
白果山庄
滁河风光带
五大圩区
三大古渡
四大新港
旅游服务
旅游服务设施
旅游线路

烽火记忆

古代兵事

楚汉相争
三国战事
侯景之乱
唐代兵刃
宋时战火
明初烽烟
清朝兵事
革命烽火
南北军大战
抗日烽火
县城沦陷
后方抗战
敌后根据地
夜袭夹山关
激战石灰张
攻打绰庙集
激战石村庙
保卫根据地
掩护北撤

风土民情

岁时节令
立春
春节
元宵节
二月二
三月三庙会
清明节
立夏
端午节
六月六
七月半
中秋节
重阳节
冬至
民风民俗
生活习俗
待客习俗
上梁
方言俗语
方言称谓
常用口语
俗语
时代性顺口溜
歇后语
体育游艺
舞狮
舞龙
跑旱船
河蚌舞
美食特产
绰庙酥
王庆久卤鹅
葛氏红烧猪蹄髈
杂鱼粑粑
李氏农家大锅巴
虞姬方片糕与玉带糕

高滕葡萄
先锋板栗
万源冬桃

名人与名镇

一代高僧憨山大师
憨山出生地考
自幼情归佛缘
蒙冤充军广东
住持曹溪弘禅
名列明代四大高僧
三教融合
后世评价
附:《憨山大师劝世文》
三戴家族
戴重
戴本孝
戴移孝
石杨名人
周存凤
杨啸锋
秦圣荣
曹重堪
李夕畴
周先庚
樊正文
滕脉和
周铁生
赵元鑫
沈力圣
邢正权
秦圣非
赵纯海
胡业桃
名人与石杨
孔子讲学在石杨
刘骏指点如方山
朱元璋钟情高皇殿
林散之钟情迢迢谷
马长炎情系石杨山水

艺文杂记

名人诗词咏石杨
过阴陵山
阴陵
乌石山
腰疼山浮图下作
登如方山
题诸葛祺田家壁
屯兵如方山望鸡笼山
迢迢衖雪歌
迢迢谷中秋
夹山关
思乡曲（二首）
乡人至
游如方山（七首）

秋憩如方山
经如方山怀黄征君
课农
示学画者
苍鹰行
惜誓
从军行
醉歌同项犀水马云子戴务旃
戴鹰阿图
戴无忝至自和州得务旃书
过虞沟游虞姬庙
插花山虞姬庙
鲁妃庙
夹山关
偕孟朝汉登如方山
内兄盛峻居春雨读杜诗及咏自鸣钟原韵
散文选录
插花庙田碣
推官戴公传
碑文选录
马鞍寺鼓铭
宿鸡心山先墓记
母子铭
传说
朱元璋为何未在如方山建都
朱元璋枣林岗收大将
高皇殿的传说
杨石巷的名由
神奇的霸王泉

大事纪略

项羽阴陵山命运转折
戴重为反清复明绝食
戴氏惨遭文字狱
高皇殿农民开荒地被霸占
1937 年杨石巷公路竣工通车
滁河辟谣言始末
1970 年中央军委追授胡业桃“模范共青团员”称号
1991 年滁河石杨受灾始末
2012 年戴本孝与新安画派学术研讨会在石杨举行
2013 年石杨镇荣获国家关工委“五好基层关工委先进集体”称号
2014 年“三月三虞姬庙会”入选市级非物质文化遗产项目
2015 年花园戴村入选市首批历史文化名村
2016 年滁马高速石杨段正式通车
2017 年黄家洼村被评为省级美丽乡村
2019 年花月大道被评为全国美丽乡村路

主要参考文献

编后记

石牌镇志

概述

基本镇情

区位交通

区位

交通

建置沿革

石牌来历

历史沿革

自然环境

地形地貌

气候物候

自然资源

人口 民族 姓氏

人口

民族

姓氏

产业经济

农业

工业

基础设施

道路

供水

供电

供气

通信

住宅

绿化环保

文化

体育

教育

医疗

商贸要津

水旱码头

石牌老街

上石牌商业街

下石牌商业街

集市贸易

对外贸易

商业街区

附：盛天长商号

戏曲之乡

徽剧

起源

徽班

无石不成班

徽剧艺术

黄梅戏

起源

黄梅戏艺术

石牌百戏

采茶调

耕歌戏

木偶戏

影子戏

夫子戏

彩龙船戏

猴王戏

守岁戏

冠礼戏

敬祖戏

谱戏

戏曲班社

民间班社

怀宁县黄梅戏剧团

班规与班俗

戏剧产业

刻印剧本作坊

盔帽制作

梨园轶事

石牌名伶孔府传艺

程长庚故乡献艺

杨月楼故乡演猴戏

慈禧听戏赦月楼

杨小楼力救家乡伶友

文武双全潘仁师

严凤英传艺潘根荣

怀腔宜塘班与怀宁大众剧团联袂演出

七仙女与怀宁

戏曲传承

附一：徽剧传统常用曲牌选例

附二：徽剧演出程序

附三：安庆方言部分字词读音与普通话比较

附四：清朝至民国时期石牌地区的戏曲班社

附五：盔帽头饰名称

胜迹遗存

遗址

朱家嘴遗址

邬家庄遗址

仓盐墩遗址

石牌桥遗址

太平军石牌新城遗址

中共怀宁区委会遗址

怀宁县抗日动员委员会旧址

怀宁县人民政府旧址

中共怀宁县委员会旧址

宗祠

潘氏宗祠

汪氏宗祠

程氏四箴堂

姜氏渭璜堂

寺庵　教堂

普净寺

九华庵

迦勒堂

伯大尼教堂

墓葬

程子刚墓

官山墓群

卢军烈士墓

文物

汪顺和老店铺

王灵官戏神石匾

民间艺术

民歌

号子

山歌

小调

儿歌

传统工艺

剪纸

挑花

绣花

民间娱乐

大鼓书

十番锣鼓

莲花落

舞龙

舞狮

舞马

旱船

赶犟驴

打连厢

踩高跷

推车赶会

翻天蜃

猜灯谜

风土民情

礼仪家风

读书

学艺

尊老

敬客

宴席

婚嫁

丧葬

宗族

行规俚俗

耕稼

教牛

师徒

商规

船忌

祭船

衣食住行

服饰

首饰

家居

家具

饮食

出行

岁时节庆

春节

元宵节

春龙节

清明节

端午节

中秋节

下元节

土特名产

顶雪贡糕

龙凤贡面

麻塘鲫鱼

石牌芹菜芽

石牌山药

皖河黑猪

宜塘半夏

石牌小吃

水萩粑

河水煮河鱼

红烧狮子头

粉蒸肉

什锦菜

康乐菜

艺文杂记

散文

杨月楼杨小楼父子姓氏新发现

我的戏园子（节选）

黄梅戏 走在窄窄的田埂上

诗歌

赞明监察御史程亨

访怀宁石牌恩师程从大
京城观看老乡皮黄演出
宜塘八景
戏曲之乡
皖河柳
楹联
店铺楹联
梨园楹联
寺庵楹联
传说
鲇鱼头的传说
麻塘湖的传说
太子河的传说
龙凤贡面的传说
顶雪贡糕的传说
刘若宰夺魁“滴”状元
杂记
徽郡风化将颓宜禁说
评《徽郡风化将颓宜禁说》

名人与名镇

名人传略
刘尚志
潘嘉辛
刘若宰
姜筠
姜继襄
陈我鲁
刘贻燕
潘柳村
盛朝瑞
程演生
邱公人
潘伯鹰
郝晓辉
查化群
熊恩庆
戏曲名伶
程福香
郝天秀
高朗亭
程长庚
郝兰田
杨月楼
杨小楼
王鸿寿
郝季球
潘犹芝
潘贤梅
王玉坤
阮银枝
刘美云
潘绪满
潘根荣
名人与石牌
刘保罗到石牌宣传抗日救国
严凤英到石牌慰问演出

马彦祥到石牌考察杨月楼故里
曹禺考察“戏曲之乡”
侯宝林到石牌义演
袁隆平到石牌考察示范田

大事纪略

北宋开宝三年（970）樊若水石牌口试架浮桥
清咸丰九年（1859）太平军与清军在猫山激战
1947 年解放军三打石牌镇
1959—2016 年三次修建皖河大桥
1960 年檀小莲出席全国首届民兵代表大会
1961 年《人民日报》发文肯定黄梅戏
2008 年重建石牌农贸市场
2010 年石牌遭受洪灾
2013 年石牌镇被授予“全国特色文化产业示范镇”称号
2016 年石牌镇入选第三批安徽省千年古镇
2017 年石牌镇入选第二批全国特色小镇
2017 年安徽省省长李国英到石牌调研特色小镇建设
2018 年首届中国（石牌）戏曲论坛在安庆举办
2021 年石牌镇入选“安徽省首批特色旅游名镇”
2021 年石牌镇入选“中国民间文化艺术之乡”

附录

关于公布第三批安徽省千年古镇、千年古村落地名文化遗产名单的通知
住房城乡建设部关于公布第二批全国特色小镇名单的通知
安徽省特色小镇建设领导小组办公室关于公布第一批省级特色小镇名单的通知
关于命名安徽省首批特色旅游名镇的通知
文化和旅游部关于命名 2021—2023 年度“中国民间文化艺术之乡”的通知

主要参考文献

编后记

柘皋镇志

会吴古城话柘皋

基本镇情

建置区划

地名由来

建置沿革

辖区变迁

村庄社区

自然地理

地理位置

山脉

河流

气候与物候

自然资源

人口　民族

人口总量

源流迁徙

民族结构

姓氏组成

镇域经济

经济总量

农业

工业

社会发展

文化事业

教育事业

体育事业

医疗卫生

居民生活

社会保障

精神文明建设

文明创建工作

人居环境整治

镇村建设

交通

商合杭高铁柘皋站

水利电力

千年古镇

千年古邑
鲁哀公橐皋会夫差
孔子橐皋讲学
战略要地古战场
古镇风貌
古街区
古建筑
古镇商贸
商业服务业
商贸老字号
古镇保护
保护规划
保护机构
保护措施

文物古迹

古遗址
大城墩遗址
城里岗遗址
古老墩遗址
山柯遗址
大储遗址
施家岗遗址
阳河岗遗址
会吴城遗址
晒书墩、孔子台遗址
古墓
谷墩塘古墓
马道古墓
古楼口汉墓群
东岳古墓
大苏古墓
分路古墓
大树刘古墓
石口古墓
酒厂古墓
古井　古泉
大魏村古井
舒黄明代古井
大塘赵村古井
张湾村古井
西街古井
九步三井
浮槎乳泉
乳泉、九龙泉
古人庵泉
古桥
孔难桥
孔探桥
探花桥
陡坎大桥
玉栏桥
故道

高井驿
陈公路
古树
小杨村银杏树
白兀赵村古朴树
古村落
大杨村
东昌村
喻储村
南张村
陆闸村、陆园村
唐马村
周岗村
馆藏文物
器物
简帛
庙庵
尖山寺
东岳庙
南岳庙
罗汉寺
城隍庙
观音庵
白衣庵
接引庵
古人庵
板桥大庙
宗祠
昌氏宗祠
大杨宗祠
方氏宗祠

武装斗争

驻军
古代驻军
民国初期驻军
抗日战争时期驻军
解放战争时期驻军
古代战事
群舒争巢
濡须口之战
金兵两战柘皋
柘皋之战
姚兴尉子桥浴血抗金
太平军柘皋受挫
抗日战争时期的武装斗争
游击大队痛击日军
方老人洼反“扫荡”
柘皋防御战
建立新四军二师、七师秘密交通线
反击国民党顽固派
方茂初策反川井投诚
粉碎国民党的诱降阴谋
解放战争时期的武装斗争
智擒叛徒吴谷山
粉碎国民党军“围剿”
恢复党的组织和地下交通线

张克东血洒巢湖滩

茅公山战斗

突破保六团“围剿”

夜袭烟墩岗

革命旧址

地下交通站旧址——朱家山洼、柴埠荚

巢县黄山抗日游击大队组建地——汪桥集

皖东工委临时会议旧址——小井村

抗日军政干部训练班旧址——大庙桥小学

巢县突击剧团公演舞台——万年台

《巢县动员》报社旧址——古人庵

新四军江北游击纵队第十大队组建地——龚家垅村

中共巢二区所在地——浮槎山

中共巢县县委、巢县人民政府机关旧址——万慈会、城隍庙

旅游发展

旅游景点

孔子遗踪景区

北闸老街

李氏当铺

柘皋乡贤馆

安徽省乡村旅游示范村——东街社区

安徽省乡村旅游示范村——汪桥集

安徽省美丽乡村示范村——五爪岗中心村

旅游节庆

夏至民俗文化节

柘皋早茶一条街

旅游服务

农家乐

住宿

旅游公厕

旅游交通

信息服务

旅游开发与管理

旅游开发

旅游管理

风土民情

美食小吃

柘皋早茶

菜肴

面点

手工艺品

铜器工艺品

金银器工艺品

车木工艺品

木雕工艺品

传统秤

土特名产

柘皋河白鱼

汪桥茶干

果蔬

集市庙会

集市

城隍庙会
岁时节俗
春节
元宵节
正月十六过太平桥
清明节
端午节
夏至
中秋节
冬至
民间游艺
舞龙灯
舞狮子
旱地行舟
土擂子
鱼灯
车上轿
挑花篮
蚌舞
打莲湘
划龙舟
传统婚嫁
定亲
娶亲
传统丧葬
发丧
吊唁
成主
出殡
伏山
民间文艺
民歌
民谣
门歌
庐剧
京剧
方言　谚语
方言
谚语
歇后语

名人与名镇

人物传略
宋君巽
金朝兴
杨广
杨义
陆龙腾
汤爱鼎
汤懋纲
汤懋统
汤懋绅
杨欲仁
王贵扬
程熙载
杨亮功
李慰农

杨士彬
周树东
万诚
翟宗文
杨新吾
刘健飞
方纯一
高植
鲍春谷
陈俊
陈华仙
吴屏周
陆启清
鲁彦周
陆树龙
孙海泉
田学祥
吴恺
名人与柘皋
欧阳修作《浮槎山水记》
庞恭孙诗赞柘皋之战
冈奇的柘皋情结
马忍言主政巢县抗日民主政府
张恺帆柘黄地区打游击
包之静古人庵办报
张云逸玉栏桥设宴，力促巢县国共合作
黄岩驻军南张村

艺文杂记

诗词
白龙洞
咏浮槎山（释用逊）
早发橐皋
闻虏人败于柘皋作口号十首（节选）
挽陆孝廉殉难
登浮槎山
宿柘皋二首
听书港并和二首
听书港
古意
登卧牛山闲望
过访随园主人不值
咏孔子台
梅花诗
咏浮槎山（李天馥）
过柘皋
楹联
李妥先联
巢湖书院楹联
为巢城皖中旅社作联
应报纸征下联而作
文章　石碑
浮槎山水记
与李端愿书
石臞诗稿序

千年乳泉翰墨缘
魏典韦墓碑
方集祠堂碑
金朝兴衣冠冢墓碑
高井驿巷“去思碑”
城隍庙引神巷“按察使司孙示”碑
柘皋乡贤赋
柘皋赋
民间故事
孔子橐皋师项橐
浮槎山传奇
炒面皮的故事
夏至的由来
玉栏桥的传说
杨柳溪给李鸿章夫人看病
杂记
会吴城考
八公林壑

大事纪略

西周初年群舒在橐皋建宗国
春秋时期群舒争巢
春秋时吴王夫差重建橐皋城
周敬王三十七年（前 483）吴王夫差在橐皋大会诸侯
秦设橐皋县
三国吴五凤二年（255）孙峻进兵橐皋
明崇祯八年（1635）、崇祯十年（1637）张献忠两进柘皋
清光绪三十二年（1906）柘皋镇创办小学
1927 年北伐军收复柘皋
1933 年柘皋武装铲烟
1937 年柘皋人救护苏联飞行员
1949 年柘皋解放
1996 年、2017 年建设合芜高速公路
2015—2020 年建设商合杭高铁柘皋站
2015 年地面光伏电站建成
2018 年启动合巢产业新城建设

附录

我的故乡——柘皋
古韵柘皋之歌

主要参考文献

编后记

光塔街道志

光塔辉耀丝路古地

基本街情

建置区划
建置沿革
行政区划
自然地理
地理区位
地形地貌
气候特点
水文特征
人口民族
人口状况
人口迁徙
民族分布
基础设施
主要道路
公共交通
公用设施
街道建设
社区改造
名街保护
环境保护
经济发展
街道经济
产业发展
特色企业
工业老店
知名餐饮
商业广场
专业市场
社会事业
社区管理
电子政府
文化教育
医疗卫生

居民生活

社会保障

收入消费

休闲娱乐

文物胜迹

遗址遗迹

五仙观与岭南第一楼

怀圣寺和光塔

元妙观

西澳外贸码头

六脉渠

四牌楼

妙吉祥室

南海学宫

千顷书院

青云书院

道南书院

三槐书院

广州同文馆

广东国民大学第二校舍旧址

中国劳动组合书记部南方分部旧址

广州公社旧址

达保罗医院旧址

基督教锡安堂

基督教光孝堂

张发奎故居

骑楼街

民国民居建筑

羊城八景

文博设施

南粤先贤馆

越秀区博物馆

广州满族文化陈列馆

民族文化展示中心

民族民俗文化长廊

广府状元微型博物馆

街巷风貌

中山五路 · 中山六路

路名由来

古寺兴废

商业特色

光塔路

路名由来

蕃坊遗址

惠福西路

路名由来

外贸历史

发展概貌

大德路

路名由来

五金市场

广州起义路

路名由来

革命史迹

解放中路

路名由来

街巷历史

朝天路·米市路

路名由来

革命史迹

商业特色

海珠北路·海珠中路

路名由来

街巷变迁

纸行路·诗书路

路名由来

街巷变迁

纸业长兴

光孝路

路名由来

街巷历史

人民北路·人民中路

路名由来

街巷历史

商业特色

风土民情

粤语讲古

五仙观广场越秀古坛

伦文叙状元纪念广场状元讲古坛

民俗节庆

元宵节与广府庙会

光塔街满族居民节日习俗

伊斯兰开斋节与宰牲节

特色技艺

广州箫笛制作技艺

广州象牙雕刻

美食小吃

原盅炖汤

粤式清真菜

粤式涮羊肉

粤式素食

粥、粉、面

名人与名街

人物传略

关国栋：西关水塔设计师

陈荷影：“钉金艺人”

杨汉光：光塔寺伊玛目

汪宗猷：满族小学创办者

名人与光塔街

苏轼游览天庆观

蕃坊巨富辛押陀罗

崔与之与崔府街

方大琮保护地方文化

陶街得名于陶成父子

张诩与看竹亭

伦文叙一门四进士

黄衷卜居纸行街

方献夫与观绿路

陈子壮读书纪纲街
崔君培设医馆于崔府街
张弼士与孝友街
刘绍基担任广州同文馆馆长
杨枢任中国同教俱进会粤支部名誉会长
梁智华诚信经营成“遮王”
王德光创办王德光医院
英雄模范先驱杨殷领导工人运动
谢爱琼创办妇孺医院
胡藻斌创办美术学校
黄少强以画笔绘时代
黄继祖行医海珠中路
谭文彪创办谭氏健身院
妇科名医罗元恺

艺文

碑刻选录

重修天庆观碑记
重建怀圣寺记
广州重修五仙祠记
重修怀圣塔寺之记
重修观音古楼敬建妙吉祥室记
南粤先贤馆记

诗词选粹

登蒲涧寺后二岩（一）
送李明府之任海南
送刘禹锡侍御出刺连州
寄南海黄尚书
广州越王台呈蒋帅待制
南海百咏（节选）
寓五仙观怀孝兄
婆侯戏韵效宫体寄侍御梁仲玉
题马都统瑞图坡山八景图
南海百咏续编（节选）
同屈五过五羊观
过坡山访池中仙迹
岭南第一楼木棉

文选

进岭南王馆市舶使院图表
众妙堂记
萍洲可谈（节选）
番禺海獠
南海县儒学记
一条“失踪”的街
四牌楼琐记
五仙观赋
诗书街满族溯源

民间故事

仙人拇迹传说
“西瓜园”的来历
天庆观铸铜镜
三佛齐王国重修天庆观
龙起井中腾祥龙

大事纪略

唐宋时期设立蕃坊

宋代蕃学设立
宋代程师孟修筑西城
宋代在南濠街置市舶司
明代“三城合一”
清代八旗军队进驻光塔街
清代八旗子弟学堂设立
1927 年广州公社在光塔街成立民国时期重修怀圣寺、塔
1956 年成立广州市伊斯兰教协会
1979 年全国第一个灯光夜市在观绿路开设
1981 年在光孝路成立广州市基督教协会
2014 年光塔街道获评“全国民族团结进步模范集体”
2018 年南粤先贤馆正式对外开放
2018 年广东省首个英文文献特色街道公共图书馆开馆

主要参考文献

编后记

冉庄镇志

抗战遗址　冀中风情

基本镇情

区位　交通

区位

交通

建置　区划

地名由来

历史沿革

行政区划

行政村

自然地理

地质地貌

气候物候

自然资源

人口　姓氏

人口规模

姓氏构成

民族结构

宗教信仰

镇域经济

农业

工业

服务业

社会发展

社会事业

居民生活

红色冉庄

全民抗战

护村民团与联庄会

中共冉庄村党支部

冉庄“五大会”

冉庄民兵中队

冉庄儿童团

地道奇观

地道演变过程

地道工程量

地道技术环节

各类工事
地下兵工厂
地道与土质
交通沟
地道内外的战斗
本土作战
配合作战
特殊战斗
战争年代民兵的其他任务

文旅小镇

规划
文旅特色小镇规划
“三点一线”“一心两翼”规划
旅游资源
冉庄地道战遗址
冉庄地道战纪念馆
冉庄古村落保护区
文旅特色小镇建设
遗址保护及基地建设
规划保护
三大工程建设
基地建设
旅游宣传
红色旅游宣传
政策法律宣传
地道战精神宣传
“中国农民丰收节”
线路
景区管理与服务
景区管理
景区服务

风土民情

生活习俗
饮食习俗
穿戴习俗
居住习俗
出行习俗
婚嫁习俗
丧葬习俗
生育习俗
岁时节俗
祭祀习俗
禁忌
美食小吃
苦累
榆皮面饸饹
麻酱凉面
玉米面菜团子
折饼
凉粉
煎腊肉
土特名产
粉条
羊庄豆腐

传统工艺

制作虎头鞋

制作白铁皮用品

制作笼屉

扎笤帚

庙会　集市

庙会

集市

民间文艺

戏班

经会

经会乐班

轿班和吹打班

说唱

歌谣

冉庄剧社

抗战文艺

方言土语

语音

词汇

语法

土语

艺文

文学作品

《革命传统故事——古城英烈》

《地下烽烟：冉庄地道战遗址》

《地下长城——冉庄地道战风云录》

《保定历史文化——抗日战争专辑：保定抗日地道斗争》

《烽烟岁月——关于冉庄的回忆》

《冉庄的传说》

《英雄冉庄》

《印象冉庄地道战》

戏曲　舞蹈

《冉庄英雄妹》

《拔麦子》

《丰收锣鼓》

歌曲

地道战

支前民谣

拥军小调

埋地雷

全民抗战

前去把兵当

送郎打日本

支援前线

交通战

保卫麦场

民兵保家乡

讲抗日搞宣传

小弟放哨捉汉奸

查路条

碑铭

修冉庄桥记

张发荣公墓志

重修黄龙港二桥碣石

薛庄战役诸烈士殉国纪略
传说轶事
大禹治水在冉庄
张大奇息干戈救民于水火
教书先生李存仁
演武台主李老岱

名人与名镇

人物传略
王霞
任殿峰
张廷华
李九德
隋雅香
张森林
李恒木
李九皋
高振远
高振福
梁连恒
崇喜柱
王玉龙
李恒源
李明贵
李连瑞
张景芝
王九福
李勇
于庆和
李恒勋
冉庄镇革命烈士名录

大事纪略

1937 年冉庄村成立护村民团
1938 年联庄会加入人民自卫军
1938 年冉庄村成立村党支部及“五大会”
1939 年冉庄“六一五”惨案
1945 年冉庄村被授予“地道战模范村”称号
1947 年冉庄村土地改革
2007 年冉庄村入选中国历史文化名村
2010 年冉庄地道战纪念馆新馆正式开放
2015 年冉庄老民兵代表出席纪念中国人民抗日战争暨世界反法西斯战争胜利 70 周年阅兵盛典
2017 年谋划启动文化旅游特色小镇建设

附录

冉庄地道战纪念馆讲解词

主要参考文献

编后记

金庭镇志

太湖之心金庭镇

基本镇情

建置区划
镇名由来
建置沿革
行政区划
行政村（社区）
自然地理
地理位置
地质地貌
气候
自然资源
矿物资源
野生动物
中草药资源
人口·民族
人口
民族
姓氏
高寿居民
镇域经济
农业
工业
渔业
旅游
镇村建设
村庄建设
镇区建设
道路交通
公用设施
村居建设
社会事业
教育
科技
文化、体育

卫生健康

居民生活

收入

消费

社会保障

生态绿岛

中国内湖第一岛——西山岛

山峦起伏

河流纵横

坞湾藏村

花果飘香

景观丰富

其他岛屿

横山岛

阴山岛

大鼍山

绍山岛

大千山

小鼍山

箬帽岛

大砂山

婆杵山

青浮山

小雷山

国家公园

太湖西山国家森林公园

太湖西山国家地质公园

农业园区

国家现代农业示范园区

其他基地

金满庭农业园

生态保护

造林复绿

禁止采石

森林防火

禁养控药

湿地保护

古村落

明月湾

古民宅

古石板街

古码头

古祠、古寺

古樟

古村保护

东村

栖贤巷门

徐家祠堂

古民宅

古村保护

植里

仁寿堂

大圣堂

永丰桥

植里古道
古村保护
东西蔡
春熙堂
爱日堂
畲庆堂
芥舟园
秦仪墓
古村保护
甪里
宝稼堂
御史牌楼
郑泾港
南星桥
禹王庙
古村保护
堂里
仁本堂
沁远堂
延福涧
玉虹桥
太湖营军用码头
古村保护
后埠
蒋氏里门
承志堂
费孝子祠
后埠井亭
其他古迹
古村保护

第九洞天

林屋洞
雨洞
隔凡洞
天后别宫
金龙洞
丙洞
旸谷洞
林屋山
驾浮阁
探梅亭
观音像
接引佛像
摩崖石刻
平桥、香花桥
林屋梅海
附：林屋洞是徐霞客科考出游第一站

旅游

景区景点
金庭十景
石公山
缥缈峰
古樟植物园
包山禅寺

罗汉寺

禹王庙

大如意圣境

苏州太湖牛仔风情度假村

维摩精舍

旅游项目

林屋赏梅游

春夏秋冬游

古村品赏游

游艇亲水游

旅游节庆

太湖梅花节

青种枇杷采摘节

杨梅采摘节

太湖龙舟赛

旅游服务

游客服务中心

餐饮住宿

媒体智慧服务

影视剧取景点

电影

电视剧

纪录片

洞庭碧螺春

茶名渊源

碧螺春发源地

康熙帝赐名说

原产地保护

依法认证

创立品牌

碧螺春荣誉

饮誉海外

屡获殊荣

茶叶生产

栽培

采摘

炒制

茶文化

茶俗

茶馆

泡饮

茶文化旅游节

风土民情

“非造”传承

碧螺春炒制技艺

舞夹竹龙

十番锣鼓

西山根艺

消夏渔歌

习俗

岁时习俗

生活习俗

物产

青梅

枇杷
杨梅
板栗
梨
柑橘
银杏
石榴
太湖白鱼
太湖白虾
太湖银鱼
太湖莼菜
美食
酱爆螺蛳
肉丸桃凝汤
生煸四叶菜
竹小笋炒肉丝雪菜
凉拌鹅肠草
菱油浆
甏头肉
栗子烧鸡
酒酸饭
冬至团
门印子糕
锭升糕
方言俗语
方言
谚语
歇后语

望族大姓

徐氏
姓氏渊源
族谱纂修
徐氏家训
圻村王氏
姓氏渊源
族谱纂修
王氏家训
蒋氏
姓氏渊源
族谱纂修
蒋氏家训
镇夏沈氏
姓氏渊源
族谱纂修
沈氏家训
夏泾金氏
姓氏渊源
族谱纂修
金氏家训
涵村陆氏
姓氏渊源
族谱纂修
陆氏家训
秉常黄氏
姓氏渊源

族谱纂修
黄氏家训
东西蔡蔡氏
姓氏渊源
族谱纂修
蔡氏家训
林屋马氏
姓氏渊源
族谱纂修
马氏家训
秦家堡秦氏
姓氏渊源
族谱纂修
秦氏家训
甪里郑氏
姓氏渊源
族谱纂修
郑氏家训
劳家桥劳氏
姓氏渊源
族谱纂修
劳氏家训
其他望族
明月湾吴氏
甪里曹氏
可盘湾李氏
涵村张氏

名人与名镇

人物传略
邓肃
徐素行
马国珍
秦仪
蒋腾芳
秦孝义
蔡升
蔡羽
徐缙
陆治
郑准
劳逊志
叶初春
蔡人龙
劳澂
蔡旅平
秦嘉铨
风翕如
王维德
秦敏树
蔡际云
费延珍
蔡承新
郑伟业
严绍唐

孙信孚
蔡承祖
胡铁锋
王昭仁
蔡家骅
黄联华
严艺林
赵文欣
吴汇荣

名人与金庭

凤福清安境保岛民
王蒙游西山作《具区林屋图》
王鏊书碑咏西山
唐寅居西山作《震泽烟树图》
俞樾西山书墓碑
费荣筑道造福岛民
罗饴创办求忠小学堂
暴式昭与《林屋山民送米图卷子》
李根源西山访古
海灯法师迁住石公山
钱绍武力保林屋洞、石公山
沈连庆西山办农中
吴冠中在西山写生创作
艾煊务农明月湾
柯灵住进东蔡春熙堂写作
钱穆安息石皮山
黄永生义演包山寺

艺文杂记

诗选

夜泛阳坞入明月湾即事寄崔湖州
赠故人重九日求橘
太湖秋夕
太湖
缥缈峰
过洞庭西山
次韵谢天镜上人送柑二首（选一）
放歌林屋
登西山缥缈峰绝顶
月夜游太湖
咏具区
石公山
太湖远眺
泛舟太湖
洞庭西山纪游（选二）
横山
阴山
甪里梨花

文选

西洞庭
洞庭七十二峰
西洞庭山风土记
游包山记
甪头巡检司衙署序
消夏湾记

记游洞庭西山
影事追忆录
游洞庭西山记
西山的梅花
金庭镇看炒碧螺春
茶有西山“一记红”
著述书目
珍闻逸事
大禹治水有遗踪
越大夫诸稽郢传姓诸家河
汉朝道士刘根修道毛公坞
三国太傅阚泽留下“将军墓”
商山四皓西山传承四村落
西山太湖石与北宋花石纲
民间故事
西施与太湖银鱼
西山的由来
太湖七十二峰的来历
天下第九洞的传说
元山石鼋的传说
林屋洞顶旗杆石的故事
陈维德上山遇仙人
唐伯虎庙壁画兰花
九缸十三瓮财宝
苏东坡与来鹤亭
千年古樟两故事
石板街下显水龙
画眉潭前西施泪
石公石婆的传说

大事纪略

北宋元祐八年(1093)设太湖甪头巡检司
太平军占领西山、东山，设东珊县
抗日战争时期包山寺保护苏州图书馆藏书
1943年横山岛打响太湖正面袭击日伪第一枪
中国内湖第一长桥——太湖大桥建设始末
2000年环太湖世界特技飞行大赛
陈艳青两获奥运举重冠军
2007年西山镇更名为金庭镇
2015年年底金庭镇环岛公路建成通车

主要参考文献

编后记

古现街道志

概述

基本街情

建置区划

建置沿革

行政区划

村庄社区

自然环境

区位

地质

地貌

山脉

河流

气候

人口　姓氏

人口数量

人口变动

人口构成

姓氏及来源

经济发展

综合实力

第一产业

第二产业

第三产业

产业园区

张裕葡萄酒工业园

烟台冰轮智能机械科技产业园区

富士康（烟台）科技工业园

现代汽车研发中心（中国）产业园

万华化工产业园

社会保障

养老保险

医疗保险

失地农民保障

特困户供养　低保

残疾人保障

居民生活

文化

教育

医疗卫生

居民收入

居民消费

三十里堡古城遗址

牟子国溯源

西周方国

东迁古现

牟城风貌

古城位置

结构布局

古城文明

农耕文化

渔盐文化

冶炼文化

图腾文化

从牟子国到牟平县

牟子国归终

牟平县治

考古与发现

文献记载

牟子国寻踪

出土文物

保护管理

中国鲁菜名镇

鲁菜与古现

起源

发展

传承

古现帮

鲁菜泰斗王义均

经典菜品

海鲜类

淡水鱼类

禽畜类

蔬菜类

甜食类

旅游休闲

磁山温泉小镇

区位环境

小镇布局

磁山文化

张裕葡萄酒庄小镇

葡萄种植基地

加工生产基地

葡萄酒文化旅游区

天马浪漫海滨旅游区

天马栈桥

国际老年游学基地

天马维拉斯老年大学
红酒湾俱乐部
文化艺术馆
康馨居国际游学酒店

风土民情

风俗
建筑习俗
禁忌习俗
节日习俗
婚嫁习俗
喜宴习俗
丧葬习俗
集场庙会
古现大集
古现山会
凤凰山庙会
民间艺术
剪窗花
织花边
扎弓箭
糊仰棚
戏曲
雷鼓
灯会
谚语
气象谚语
农时谚语
生活谚语
特色小吃
海鲜打卤面
古现拉面
老豆腐
三鲜水饺
三鲜馄饨
脑饭
韭菜合子
凉粉
杠子头火烧
盘丝饼
家常饼
发面包子
古现糕点

王氏家族

家世
家族溯源
定居古现
七世家传
科举世家
科第
父子三翰林
一门双进士
功名
诗书世家
文学

经学
训诂学
金石学
王懿荣发现甲骨文
书法
忠义世家
家训
家教
家风
满门忠烈

艺文

诗文选粹
苦雪
游磁山晚归
牟子国城怀古
游芝阳洞
四月七日同古现诸叔游奇泉
十里铺道旁红白莲花
栖霞虎窠道上
云峰晚秀
游磁山
将赴香河留别同人
四鼓起赴丽阳
铁门旅次逢韩友得家音
在兖州府学署赠白海五侄
秋燕
清阳人
举第四子崇焕
偶感
请停止解运楠木疏
亦南园记
腄城辨
天壤阁杂记
家书
故事传说
落山坡的传说
磁山石老公的故事
美食美谈
“汆鱼福”的来历
三妯娌做鱼
海肠粉的传说
鱼锅片片的传说
锅塌黄鱼的传说
书画摄影
书画
摄影

名人与名镇

人物传略
王久任
王道增
王允谐
王三锡
王鹭
王淯

王柔
王检
王启绪
王照圆
王兆琛
张福运
王仲年
李文轩
王宪钧
王宪钊
黄振东
王伟光
王福重
吴鸿琨
王德镇
王维淳
名人与古现
戚继光磁山练兵
彭雪枫与古现

大事纪略

古牟平县治设古现
清光绪二十一年（1895）王懿荣回乡办团练
古现一带的抗日斗争
三十里堡古城遗址被列为省级、市级文物保护单位
2004年富士康落户古现
2017年古现街道设立传统文化传承节
2019年9月古现街道获“国家卫生乡镇”称号
2019年9月古现街道被评为“中国鲁菜名镇”
“古现文旅小镇”建设由规划设计进入实施阶段

附录

牟子国的迁徙与发展（摘录）
古现文旅小镇重建与复兴——关于古现文旅项目的建议报告（节选）

主要参考文献

编后记

咸水沽镇志

津南名镇咸水沽

天津名镇

悠久历史

区位优越

战略要地

英才辈出

佳绩频传

经济发展

产业转型

现代经济崛起

古镇新貌

居住现代化

生态环境优美

事业兴镇

精神文明新面貌

文化长盛不衰

基本镇情

建置沿革

镇名

区位

隶属

区划

村庄

社区

自然环境

地质

地貌

土壤

气候

河流

自然资源

人口变迁

人口总量

流动人口

密度分布

就业转移

性别年龄

文化构成

民族构成

姓氏构成

道路交通

水路

公路

铁路

地铁

桥梁

公交设施

经济强镇

产业结构调整

第一产业由大变小

第二产业由弱变强

第三产业由小变支柱

固定资产投入

经济实力增强

农业

小站稻种植

蔬菜种植

工业

国有企业

产权制度改革

现代工业发展

企业所有制结构

工业重点企业

服务业

商业贸易

楼宇经济

建筑装饰

金融机构

文化名镇

红学研究之家

周汝昌

周祜昌

附：海河边的老哥俩——周祜昌和周汝昌

非物质文化遗产

北洋海下文武高跷

海下同善文武高跷

海下同乐高跷

王天庆麦秸画

宋彦艳工艺面塑

教育

中华人民共和国成立前

中华人民共和国成立后

天津市海河教育园区

天津市南洋工业学校

天津市咸水沽第一中学

津南区实验小学

津南区培智学校

民间艺术

“大驾”皇会
民间花会
附：渔家乐唱词
学术馆和画院
周汝昌红楼梦学术馆
平凡友好画院
文物古迹
不可移动文物
可移动文物
绘画　书法　篆刻
绘画
书法
篆刻
摄影　剪纸
摄影
剪纸
楹联　戏剧　曲艺
楹联
戏剧
曲艺
文化设施

体育之乡

群众体育
学校体育
竞技体育
体育名人选介
悉尼奥运会铜牌获得者高静
亚洲杯场地自行车锦标赛冠军李维
亚洲杯场地自行车锦标赛冠军郑璐璐
世界柔道A级赛冠军潘玉庆
体育设施

风土民情

美食小吃
咸水沽烧鸡
北洋烧鸡
咸水沽药糖
土豆辣椒炒河蟹
薄饼子虾酱卷大葱
虾酱饼
汆汆汤
油炸泥鳅
过去的家常菜
土特名产
小站稻
青麻叶小核桃纹大白菜
津南青韭
津南实芹一号
二道桥笤帚
生活习俗
生育
祝寿
居住
婚俗（汉族婚俗）
丧俗

春节（中华人民共和国成立前及初期）
庙会文化
宗教
佛教
道教
伊斯兰教
天主教
基督教
方言
语音
语汇
劳动号子
土语
天文地理
时间　节气
农事　植物
动物
房舍　器物
称谓　人品
身体　疾病
服饰　饮食
婚丧等
动作　行为
性质　情状
其他
歇后语
附：歇后语“秦庄子卖鱼——好大的想头”的故事来源
歌谣
俗语
农活、行当的方言表达
农活、行当（音译）
民间传说故事
咸水沽与孔子
月牙河的传说
狐仙爷庙传说
风水宝地有金牛
咸水沽的庙戏习俗
水狼的传说
青龙的传说
海河故事
秋收的故事

城镇建设

城镇规划
建设规划
环境规划
民居巨变
平房改造
土地整合
基础设施
居民小区
园林新景
月牙河公园
津沽休闲园
全红桥音乐喷泉绿地广场
普明园

海河故道公园
西大桥绿地广场
环境优美
水环境
城镇绿化
天津市绿色生态屏障工程
公路绿化
天津海河科技园区绿化
蓝天
夜景
生活废弃物无害化处理
“四清一绿”
民生设施
社区服务中心
劳动保障服务中心

名人与咸水沽

历史名人
刘霸道
格谦
铁胳膊雷五
陈其昌
韩印符
周景颐
王伯新
王郅隆
田宝善
徐宗尧
魏庆珍
李超群
名人履痕
清乾隆帝赐咸水沽“大龙旗”
周盛传开挖月牙河修建大桥
袁世凯聘请咸水沽赵艳生任新建陆军武术教练
孟恩远在咸水沽开买卖
华世奎与咸水沽的亲情渊源
名人与天津振华造纸厂
“银达子”两到咸水沽
马三立、骆玉笙到咸水沽镇演出
田连元与咸水沽的情缘
李平凡把“平凡友好画院”建在咸水沽

艺文

碑文　诗词
碑文
诗词
谱牒
周汝昌家谱
附:《周氏族谱》重现简叙

大事纪略

宋朝盐场建立
明朝咸水沽始得名
明朝咸水沽成功种植水稻

清末咸水沽大集形成
清朝整修海大道
清朝修建西大桥
咸水沽建邮政所、开通长途电话
民众建围墙，抗击土匪骚扰
清末咸水沽成立“咸水沽乡谳局”
1923 年天津振华造纸厂创建
1934 年天津县政府设在咸水沽
1939 年咸水沽人民反抗日本侵略军“米谷统治会”的斗争
1948 年成立咸水沽市
1948 年咸水沽解放
同心壮举支援平津战役
1949 年天津县立师范学校迁至咸水沽
咸水沽镇人民的抗美援朝捐献运动
1954 年建立中国第一座农村集镇电影院
咸水沽人民公社成立
镇内首个生产大队撤队（村）转非（非农业）
1980 年推行家庭联产承包责任制
1982 年南洋公社成为天津市取消人民公社体制改革的试点单位
20 世纪 80 年代咸水沽供销合作社成为全国最大的基层供销社
20 世纪 90 年代威力千斤顶厂屡获殊荣
1986 年滦河水引进咸水沽镇
1990 年咸水沽镇跃入全国经济百强乡镇行列
天津海河科技园区成立
2004 年咸水沽镇发现国家二级野生保护植物——野大豆
天津市海河教育园区建在镇域内
国家会展中心（天津）项目建在镇域内
2018 年打造海棠众创大街

附录

咸水沽即古豆子䒢新考

主要参考文献

编后记